民俗学
パブリック編
みずから学び、実践する

加藤幸治 著

武蔵野美術大学出版局

目次

II　パブリック・フォークロア実践

III　シチズンシップのための自学

表紙デザイン　白尾デザイン事務所

はじめに

パブリック・フォークロアと自学

誰に強いられるでもなく自分のなかの動機から始まる学び、すなわち自学は、わたしたちが人生を主体的に生きる上で不可欠なものである。本書は、生活に身近なものを研究する民俗学を糸口としながら、一人ひとりが〈わたし〉を取り巻くあらゆる文化的な事象に対し、自由に興味関心の枝葉を広げていく「学びの自由」の導入書となることを意図している。

パブリック・フォークロアは、生活や地域文化の担い手と、民俗学者や博物館の学芸員などの文化研究の専門家、在野の知性や地域のキーパーソン、伝統文化への共感者などが協働を通じて、文化創造活動につなげていく社会的な営みである。生活の向上や地域文化の醸成、身の丈を超えない生産と消費などについて、生活の視点から見つめ直そうとするとき、民俗学は有用な道具のひとつとして、誰もが使っていくことができる知の技法たり得る。

学校教育における学習指導要領やカリキュラムのような設計された学び（フォーマルな学び）に対し、知りたいから、身につけたいから学ぶといった自学や他者との関わりや愉しみのなかから起こる学び（インフォーマルな学び）は、わたしたちの生涯学習そのものである。生涯学習の本質は、市民一人ひとりが学びの過程でみずからの実践を推進するためのブリコラージュにある。ブリコラージュとは、人類学者のクロード・レヴィ＝ストロースが用いたことばで、要約すれば「寄せ集めて自分で作り上げる器用仕事」のことを言う。変化していく社会のなかで自己形成と社会参加を続ける糸口となる学びのブリコラージュは、実に愉しい。教えられたのではなく、選び取ったものであるから、学んだことは生き甲斐に通じている。

生き甲斐ということばは、齢を重ねてもなおみずからの人生を活力を持って生きるといった意味で使われるが、生き甲斐を持って生きることは子どもや若者にとっても必要なことである。しかし、現代のグローバルな経済や政治、情報過多のインターネット社会、身の回りのいたるところにある生きづらさから、わたしたちは生き甲斐を感じることの乏しい世界を生きている。

自学とは本来、生きることそのものであった。自分ではいかんともし難く、かつ常に〈わたし〉を抑圧し続けるような世界のなかで、自分と切り離せないことばで問いかけたり、小さな発見が腑に落ちたりするような瞬間が、自学のなかには存在する。自分の手を使って何かをすることが「できた」、教科書や新聞に書かれていないような独自の視点で何かを「見つけた」、悶々と考え続けても得られなかった何かと図らずも「つながれた」、というような小さな積み重ねが、本当はこういうことを大切にしたほうが良いのではないかという気づきを生む。その大半は、いつの間にか身につけた、気がつけば知っていた、どう学んだかは説明できないがやれる、といったいわゆる暗黙知であるから、自学をどう進めるかには各々の流儀がある。

パブリック・フォークロアを道具として使った自学によって、わたしたちを取り巻く世界から何を獲得できるだろうか。本書では、それを次の三つから考えていく。

・学び（learning）を〈わたし〉に取り戻す
・主体性（agency）を〈わたし〉に取り戻す
・物語（story）を〈わたし〉に取り戻す

この三つを通じて、よりアクティヴに、よりクリエイティヴに、よりパフォーマンスを重視し、よりシェアラブルな方法で生活や地域文化をとらえ直していくことを具体的に考えたい。

誰もがフォークロリスト

パブリック・フォークロアは、学術・科学と市民とをつなぎ、ともに活動したり考えたりするパブリックな場や機会を生み出すアイデアを、社会のなかに構築する営みである。わたしは近年、社会実践的なデザインを志向する学生たちに請われて、民俗学の話をしたり、ともに活動したりする機会が増えている。学生たちの表現は、文章表現はもちろん、創造的な作品制作、動画や映像表現、写真、演劇や音楽といったパフォーマンス、展示やワークショップの企画、地域の魅力を伝えるデザイン、地域と結びついた商品開発、市民主体の文化活動やイベント、伝統的なものづくりの継承、出版やインターネットでの情報発信、第一次産業や伝統産業の活性化など、あらゆる形式を取り得る。特に、個人の体験にもとづくエピソードや、地域に埋もれた文化的な魅力を、デザイン思考で編集するスキルにおいて、民俗学には明確なニーズがある。

民俗学はいつの時代においても、アカデミズムに君臨するような威厳よりも、地域の文化行政や生涯学習施策、そして草の根の活動に寄り添う「野の学問」としての態度を大切にしてきた。民俗学は、専門家による学問としてだけでなく、生活者の視点から暮らしの創造性を支えるものとして、広く市民に学ばれてきた。その市民とは、商店主や農家、漁師であったり、企業活動や行政に従事する人であったり、ものづくりにたずさわる人や芸術家であったりする。民俗学者のことをフォークロリストと呼ぶが、職業的なフォークロリスト（大学の研究者や博物館の学芸員など）のみならず、身近な生活や地域文化に関心を抱く人は、誰もがフォークロリストとして生活や地域文化に学ぶことができる。

本書の構成

本書は三つの構成から、誰もが学びの愉しみにふれることができる生涯学習社会について、ともに考えていきたい。

「I〈わたし〉を世界から奪還する」では、まずフォーマルな学びの基盤である学校教育と、生活に埋め込まれた学びや博物館等におけるインフォーマルな学びから、「学びの自由」と公共空間について考える。その上で、現代社会の前提となる制度や社会システムを「主流にあるもの」、等身大の生活から立ち上がる文化を「ヴァナキュラーなもの」と位置づけ、「主流にあるもの」と対峙することの困難について考える。

「II パブリック・フォークロア実践」では、東日本大震災の被災地における復興まちづくりでの、わたしの活動をひとつの実践例として取り上げ、さまざまなアクターの協働から描き出される歴史や文化の意義について、地域博物館的な視点から考えてみたい。

「III シチズンシップのための自学」では、日本における生涯学習、地域博物館や公民館といった特色ある文化施設、ミュージアムのスキルを活用してより柔軟に活動を展開する学芸員のあり方に、パブリックなものを引き寄せて考えてみる。これから求められるミュージアム像は、すでにパブリックに開かれたものとしてアップデートされているからである。

これら全体を通して問いかけたいのは、主体的に生きるために、いかに世界から〈わたし〉を奪還するかである。「学び（learning）を〈わたし〉に取り戻す」第一歩として、インフォーマルな学びによる自己形成と、自分自身を含めて世界を記述する俯瞰したまなざしの獲得を目指す。「主体性（agency）を〈わたし〉に取り戻す」ためには、パブリック・フォークロアによるコラボレーションを重視した生活や地域文化の理解と、わたしたちによるわたしたちの歴史を多様な人々の視点から描くドゥーイング・ヒストリーの実践が不可欠である。「物語（story）を〈わたし〉に取り戻す」ためには、一人ひとりが語る物語に対する深い共感（エンパシー）と、そうした場を共有するための学芸員のスキルを応用した地域文化のキュレーションが求められる。

自律的に学び、行動する市民性＝シチズンシップの前提には、さまざまな人々が人生というライフスパンのなかで、状況に応じてみずからに合ったかたちで学び続ける生涯学習が欠かせない。本書ではまずその理念とその発展、またその具体的な展開について関心を深めてもらいたい。そのためには、生涯学習を行う上で必要となる基本的な学びの技術を、みなさん一人ひとりの自学として体験し、身につけてもらうことが肝要である。生涯学習における学び方にはこれというひとつの決まったかたちはなく、何をどのように学ぶかを常に自分自身で選択しなければならず、それをどう決定するかは、一人ひとりに任されている。

書籍を読む、参考資料を探す、ほかの人の話を聞く、実際に博物館・美術館を訪れる、レポートを書く、講義を聞く、地域の諸活動に参加する、みずから行動を起こす、旅をするなど、学びはわたしたちの身近なところに遍在している。自己形成と社会参加をからめながら、不断に学びを深めていくその蓄積が、生き甲斐や人生の豊かさを培う土台固めとなるはずである。

パブリックを学ぶためのキーワード

【シチズンシップ】

シチズンとは、国民国家における国民を指すトップダウンの見方と、自律した市民社会を生きる市民というボトムアップの見方の両方を指す。学校教育で学ぶ公民とはその両方を含む概念であるが、パブリックに学ぶことにおいてはより後者の市民の主体性を重視する。みずからのアイデンティティを行動的に獲得し、他者や多様な考えを持つ人とともに市民社会に参加し、共通善に立脚した公共性を希求することを幸福のイメージとして共有することが、シチズンシップの土台となろう。

【伝統文化】

伝統文化は民俗学の重要な研究対象であるが、パブリックに学ぶことにおいてはより現在に視点を置いた実践を重視したい。伝統的な地域文化には生業や行事、芸能、言語、慣習、物質文化などがあるが、伝統文化を単に知識や教養として理解することにとどまらず、その理解者として参加したりそれを使って自己表現したりすることで、地域住民の当事者のみならず、外部からの関与者も含めて、文化を促進・拡張させたり活性化させたりすることが現代に継承する意味や共感を育むことにつながる。

【パブリック・ヒストリー】

アカデミア（学会や研究の世界）で語られる歴史に対して、パブリックのなかにある歴史をパブリック・ヒストリーと言い、社会との関わりのなかで行われる行動や表現の仕方（歴史実践）、語り方（歴史表象）というかたちであらわれる。専門家と非専門家がともに活動することで、対話や気づきが促されるとともに、一般の人々が歴史を単に学び受け取るだけでなく、作り手、関わる主体として認識される。博物館は通常、学芸員という専門家がパブリックに向けて語り応用する歴史（to the public）

であるが、それはより社会に関わるパブリックのなかにある歴史（in the public）を志向していくべきであろう。

【パブリック・フォークロア】

パブリック・フォークロアとは、生活文化や地域文化の担い手と、文化の専門家である民俗学者や地域博物館の学芸員、在野の研究者や伝統文化のフォロワーなどが協働を通じて、文化創造活動につなげていく応用的な営みである。これが地域社会において機能するためには、学問の側もパブリックに開かれていくことが前提である。他方、成熟した市民社会が形成されるためには、市民一人ひとりがみずから社会課題と向き合い、関与することによってより良い社会形成に参加するのに必要な底力の鍛錬が不可欠である。ここに社会に開いていく学問の公共性と、市民がみずから学ぶ生涯学習の接点がある。

【生涯学習】

人生のすべてのステージで学び続けること。学校教育として制度化されたフォーマルな学びと、みずから自学するインフォーマルな学びを包括した学びは、不断の自己形成に加え、さまざまな知識やスキル、興味関心をもとにした能動的な社会参加へとつながる。生涯学習は、歴史や文化に協働的に向き合うパブリック・ヒストリーやパブリック・フォークロアの、多様な担い手、実践者、コラボレーションのパートナーたり得る市民とアクティヴな地域文化の活動を育む。

【ヴァナキュラー】

ヴァナキュラーは、直訳すれば「土着の」という意味であり、あらゆる生活から生じるものがその対象となる。口頭伝承や土地の歴史、衣食住の営み、人々をつなぐ価値や作法、家庭や地域コミュニティの関係性やその習俗、自然に対する観念、生存のための生業、身体技法と道具、個人として生きられた記憶、豊かな自分語りの世界など、生活に関わるあらゆる側面に内在する。それは、文化を均質化していくあらゆる力に対し、個別性や多様性の大切さを認識させるカウンター・カルチャーである。

I　〈わたし〉を世界から奪還する

インフォーマル求道

Keywords：自己相対化、ヴァナキュラー、シャドウ・ワーク、液状化する近代、学ぶ自由、インフォーマルな学び、公共圏

「常識」を自己相対化し続ける

二〇世紀最高の物理学者と称されるアルベルト・アインシュタインのことばは、実際どのような場面で語られたか、もはやわからないものが多い。彼の相対性理論で「重力が重いほど時間が遅い」と言われても凡人のわたしたちにはピンとこない。アインシュタインはそれまでの常識を超えた理論を導き出した天才だから、いかにもそういうことも言いそうだというおぼつかない信頼が、彼の名言の強固な「根拠」となっている。そのアインシュタインの名言のひとつとされているのが以下の一文である。

常識とは、一八歳までに身につけた先入観のコレクションである。

わたしたちの「常識」、すなわちあたりまえなことが「先入観のコレクション」にすぎないと考えれば、成人したのちに得る知識にはちょっとだけ意識的になれそうである。あたりまえと考えていることに疑問を挟む余地を生み出すために、みずから学び、心底から腑に落ちたものを自分の「常識」のコレクションに加えていく。それは、人生を生きることそのものであり、人生を通じて学び続け、実践し続ける生涯学習の意義に通じている。

ものの考え方をかたちづくる、あらゆる「常識」を疑って、自己を相対化することは実に難しい。この相対化は、民俗学でよく使われることばであるが、ある視点やものの見方が唯一絶対ではないという前提に立ち、いったんその視点や見方を自分の「常識」から引き剝がして見直すことを言う。つまり、自分の意識を自分からの視点のみで把握するのではなく、周囲から、あるいは他者からの視点として自分を見るという方法である。「常識」と一体化した自分を、「相い対して」眺めるような視点だから、自己相対化と言う。

たとえば、フィールドワークを通じて、その土地の人々が自分とは異なる価値観で生活していると知るとき、ひるがえってそれまで意識しなかった自分の「常識」が揺らいで疑問を抱く。人間を問い直す人文学においては、問題解決より問題発見が重要であるが、考えるべき問題はたいていの場合、自分自身のなかに潜在しているものである。自分の「常識」が揺らいで生じた問題だから、その問いは自分を規定するアイデンティティやものの考えの土台を揺るがす切実さがある。このような見聞きしたことが、ブーメランのように自分に帰ってきて「常識」を揺さぶるようなことを再帰性と言うが、再帰的に問いを深める思考法は、民俗学における基本的な身振りである。

わたしたちは大人になっても、誰もが現代社会の矛盾や軋轢、人生の葛藤を生きている。自分ではいかんともし難い困難に直面したり、大きなうねりに呑まれて自分を見失ったり、それでも現状を生きることで自分を見つめ直したりするなかで、いくつもの「常識」に疑問の楔を打ち込んでいく。そうした疑問は、最終的にひとつの解答にいたったり、議論が帰結したりすることはないから、問いを抱えて生きていくしかない。

「主流にあるもの」から逃れられない〈わたし〉

「常識」は、たいていわたしたちの社会全体の基盤となる「主流にあるもの」に支えられている。その「主流にあるもの」とは、国家が国民を管理するためのさまざまな制度や法秩序、行政、公教育、規格や標準、さらに現代の労働の基盤となっている賃労働と、それに下支えされた資本主義などを言う。社会はそうした巨大なシステムそのものであるから、それによって生きるほかない。

また、「常識」に含まれる偏見や先入観は、人間の社会、すなわちあらゆる共同体＝コミュニティに根深く定着している。民俗学が研究対象とする生活文化や地域文化は、歴史的に形成されて現在にいたったコミュニティを土台としている。そのため生活文化や地域文化には、近代以降の家父長制や男性優位のジェンダー観の名残りも含まれ、それが誰かの生きづらさにつながったり抑圧したりすることがある。現代にそぐわない「常識」はもちろん再検討されなければならないが、差別や偏見、ある属性の人々を特別視する思考が、社会の隅々まで浸透しているとき、わたしたちはその存在にすら気づけないことがある。

わたしたちの生きる現代という世界は、一八世紀後半から一九世紀ヨーロッパにおける近代社会の成立の上に形成された。その近代社会の基盤は、自然科学的思考である。自然科学の前提は、「世界の法則性を見出すことによって、人類が問い続けてきたあらゆる問題が、いつかはひとつの真理として解明される」ということにある。「正しい問いを設定すれば正解が導かれ、ひとつの正解でなければ、問い方が誤りである」と考える。その真理の解明は徹頭徹尾にいたるまで合理的に、つまり矛盾を排除して解かれなければならず、合理的に明らかになったことは普遍に正しく、不易であるから、それを追求すれば世界はひとつのシステムとして理解可能なものとなるという。そうした科学的思考は社会に浸透するなかで、「今はわからないでいることも、いつかはわかるに違いない」という未来像が、楽天的に受け入れられるようになった。

自然科学は工学の知識と結びついて産業革命の前提となり、近代社会の本格的な到来へとつながっていった。産業社会とも言い換えることのできる近代社会において、生産を支えるものは資源である。素材としての資源だけでなく、人間の労働も資源として時給換算のように数えられるものに転換し、生産に欠かせない資源となる。人間の生活や、生存のための生産は、元来数えられるものではなかったが、労働資源として均質化されることでカウンタブル（数えられる）なものとなった。その賃労働が生産を組織化し、大規模な生産体制が駆動するのである。

賃労働においては、人格や個々の性格と結びついた仕事っぷりやでき栄えにかかわらず、時給一〇〇〇円ならばひとまず誰の一時間であっても一〇〇〇円である。個性は意味消失し、並列化された労働力としてしか見なされない。賃労働という制度において標準化された労働と身体は、合理的な生産機構を担う最小単位であり、規格化された賃労働によって商品を産み出し続ける。そうした人間を賃労働の担い手にするために行われる、あらゆる教育、福祉、行政組織を総じて「官僚制システム」と呼ぶが、この世界はそれによって人間の内面や行動までもが規制され、マネジメントされている。人々の多くはその社会体制に、疑問を挟む余地がない。こうした近代社会に共通する思想や体制は、グローバルに広がっていき、その流れに乗り遅れることは後進的と見なされた。わたしたちの生きる現代という世界は、あらゆる「主流にあるもの」が、社会の隅々まで浸透し、人間はもはやそれによって生きるしかない。

こう書いてしまうと、まるでディストピア小説の金字塔、ジョージ・オーウェルの『一九八四』（山形浩生訳、講談社、二〇二四年）の世界のようで、未来に絶望してしまうかもしれない。テクノロジーによる管理社会や、自国中心主義にもとづく極端なナショナリズムを、フィクションとして、同時に痛烈なパロディとして描き出した一九四九年刊行の名著である。これが現代社会に対する風刺として読み続けられているのは、わたしたちの生きづらさの根源が何であるか、そこから主体的に生きるにはどうしたら良いか、つまり〈わたし〉を世界から奪還することはできるのかという、人間復権への問いが、今も変わらずあるからであろう。

「傍流」からの視点

民俗学者の宮本常一（武蔵野美術大学名誉教授）は、常に旅に身を置き、フィールドワークのなかから民俗研究を磨いていった民俗学の先学である。民俗研究にとどまらず、農業技術の普及発展、離島・農山漁村の地域振興、民俗芸能の復活など、その活動は極めて実践的な側面が強い。晩年は武蔵野美術大学で教鞭をとりながら、日本観光文化研究所を拠点に多くの若者の旅を促し、彼らとともに土地の人々があたりまえなものとして見すごしてしまうものに光をあてる、「観光」の本来の意味を問うた。

大事なことは主流にならぬことだ。傍流でよく状況を見ていくことだ。舞台で主役をつとめていると、多くのものを見落としてしまう。その見落とされたものの中に大事なものがある。それを見つけてゆくことだ。

（宮本常一『民俗学の旅』講談社学術文庫、一九九三年、九八頁）

宮本常一が学問の薫陶を受けた渋沢敬三から贈られ、生涯の指針としたことばが上記の「大事なことは主流にならぬこと」であった。渋沢敬三は祖父であり日本資本主義の父と称される渋沢栄一から家督を継ぎ、いくつもの事業の経営の一方で財界人として実績を重ね、戦中には日本銀行総裁を務め、戦後の幣原内閣では大蔵大臣を歴任した歴史的人物である。そうした財界での仕事と同じぐらいの、あるいはそれ以上の情熱を傾けて渋沢敬三が取り組んだのは、日本の常民文化研究であった。近代日本における民俗学、および民族学発展の立役者として、また学際的な共同研究のオーガナイザーとして近年再評価されている。

仕事としては財界人として活躍し、戦後の民主主義の草創期に戦後復興の金融政策に深く関与した渋沢敬三が、学問的には常民文化という庶民生活にこだわり続け、農民出身の宮本常一に「傍流」の視点から、世の中の主流から見落とされたものを見つけてゆくことを勧めた上記のことばは、実にこころに沁みるものがある。宮本常一はまた、父から託されたことばのひとつとして「人の見のこしたものを見るようにせよ」を旅のモットーとした。

この宮本常一が生涯にわたって大切にした「傍流」であることとは、現代のどういうことばに置き換えることができるだろう。世の中の大勢を占めるものに対するカウンター的なもの＝「対にあるもの」、あるいはオルタナティヴ＝「主流に代わるもの」などがすぐに浮かぶが、わたしはこれをオートノミー、すなわち「自律的にあること」ととらえたい。

オートノミーは、自己の行動を外部から拘束されずに、己の原理によって決定する自律心を指し、語源は「みずからに法を与える者」という古代ギリシャのことばに由来すると言う。オートノミーは発達心理学のことばでもある。幼児期から大人になっていく過程で、善悪が判断できて、みずから善を選び取ることができ、自己を抑制できる自律の状態になっていく。そのプロセスをジャン・ピアジェは成人期に入ることと位置づけ、オートノミーと呼んだ。さまざまな自学の積み重ねと、多様な他者との出会いと対話、具体的な行動による社会実践によって、宮本常一は生涯を通じて「自律的」であろうとしたのではなかろうか。そして、庶民生活や地域社会の小さな物語に光をあて、さらに土地の人々がそれに自覚的になることで、自律性の実現する世界を構築しようとしたのである。

わたしたちの領域としての「ヴァナキュラーなもの」

渋沢敬三のことばと宮本常一の父のことばは、ともに現代の民俗学の重要なキーワード「ヴァナキュラー」の意義に通じている。「ヴァナキュラーなもの」（土着的で生活に根ざしたもの）は、社会を平準化させる力を背景とした「フォーマルなもの」の対極にある、生活から立ち上がる「インフォーマルなもの」に通じている。「ヴァナキュラーなもの」も「インフォーマルなもの」も、最終的にはオートノミー（自律的な世界のありよう）へと通じている。

「主流にあるもの」に対し、生活から生じる「ヴァナキュラーなもの」は、自助と共助、贈与と返礼、地域の慣習、公教育とは異なる経験的な学び、人から人への徒弟的な伝達、マニュアル化できない技術＝暗黙知、感情と結びついた自然観などに見出すことができる。そしてそれは、おとぎ話の世界ではなく、近代以降の産業社会のなかに併存している。

ヴァナキュラーは、現在進行形で更新され続けていく生活文化である。文化を均質化していくようなあらゆる力に対し、個別性や多様性の大切さを認識させるカウンター・カルチャーである。

そして文化がひとつの地域で完結し、わかりやすいひとつの形式に固定化されてしまうのではなく、そこからどんどんずれて変化をし続けていくような、そして気がつけば独特なすがたになっていくような、そういう「文化変容のダイナミズム」を言うのである。ヴァナキュラーは、揺れ動く文化の現在をとらえる視点である。

（加藤幸治『民俗学　フォークロア編　過去と向き合い、表現する』（武蔵野美術大学出版局、二〇二一年、「あとがき」一三三頁）

「ヴァナキュラーなもの」とは、社会をかたちづくるあらゆる制度や社会通念、社会正義、グローバル化、人類普遍の価値といった支配的な文化や公的な秩序、つまり「主流にあるもの」に対し、日常的な生活の側にあるカウンター・カルチャーである。「主流にあるもの」には、強大なシステムとして誰に対しても押し並べて適用する覇権的なパワーがある。「主流にあるもの」は中心から周縁へ、「ヴァナキュラーなもの」は周縁から中心へというベクトルを持っているが、必ずしも対立するものではなく、むしろ「主流にあるもの」は「ヴァナキュラーなもの」に支えられ、「ヴァナキュラーなもの」は「主流にあるもの」を前提としている。そうした入り組んだ現代社会にあって、「ヴァナキュラーなもの」に視点を置くことは、身近な生活文化や地域文化からマクロなものを見据えることである。

入り組んでいる「主流にあるもの」と「ヴァナキュラーなもの」

ここで注意しなければならないのは、「ヴァナキュラーなもの」を無批判に良いもの、無条件に守るべきもの、人間の生活の本質的なものとして礼賛する、いつの時代にもある思潮である。「主流にあるもの」と「ヴァナキュラーなもの」を単なる二項対立としてとらえるだけでは物事を見極めることができない。なぜならそれらは相互に入り組んで相互補完的でもあり、どちらも近代、そして現代という時代のコインの表裏にすぎないからである。

社会批評家、イヴァン・イリイチは、ポストモダン思想のなかで論じられる「主流にあるもの」への批判はもちろんのこと、わたしたちの生活を支えている「ヴァナキュラーなもの」に対しても、批判的に検討した。イリイチは「主流にあるもの」を支える賃労働と、家庭や地域での「ヴァナキュラーなもの」は、一見すると対立的なようで、実はともに社会のあらゆる制度を支えることに貢献してしまっているのではないかと指摘する。

人々がみずからの生活の必要から行う生存のための生業やものづくり、地域コミュニティにおける協働的な仕事、社会課題を共有する草の根の活動への参加、稼ぎと結びつかない活動への参画は、確かに賃労働の外側にあり、いかにも人間的で「ヴァナキュラーなもの」に見える。しかし、そうした生活のなかの労働も、賃労働の社会を前提として、結局はそれとの関係で成り立っている限り、社会の末端の集団の単位としての家族や地域コミュニティの営みに回収され、最終的に国民国家としての制度や資本主義経済を補強し続ける。表舞台での経済活動に対して、こうした家庭や地域コミュニティの営みは影の経済となって、シャドウ・ワーク（支払われない労働＝アンペイドワーク）というかたちで、「主流にあるもの」を補強していると言うのである。

二十世紀の古典的経済学からすると、〈影の経済〉と〈ヴァナキュラーな領域〉とはともに市場の外部にあって、金を支払われることのない領域である。それゆえ、両者はいわゆるインフォーマルな部門にとりこまれている（中略）しかし、分析をなによりも混乱させているのは、賃労働を補足するものとなっている支払われない労働が、人間生活の自立と自存のための活動の残存であるとしばしばまったく誤解されているという事実である。だが前者は、構造的に産業社会だけに特有なものであり、後者は、ヴァナキュラーな社会に特徴的なものであって、産業社会においてひきつづき存在しうるものなのである。

（イリイチ『シャドウ・ワーク』玉野井芳郎・栗原彬訳、岩波文庫、二〇二三年、一〇〇〜一〇一頁）

イリイチは、ヴァナキュラーなものが真に人間生活を支えるコンヴィヴィアリティの実現に対して、多くの問いをわたしたちに残した。彼の言うコンヴィヴィアリティとは、con（ともに）＋vivial（生きる）という造語であり、「自律共生」と翻訳されている。つまり世界から〈わたし〉を奪還する営みによって、生活について考えようとしたのである。それは容易に実現できるものではないが、「主流にあるもの」と「ヴァナキュラーなもの」の狭間に生きるわたしたちが、どのような現実を生きているかを再認識させてくれる。

「液状化」する価値観

ジークムント・バウマンによるリキッド・モダニティ＝「液状化する近代」という議論がある。これは、近年必修化された高等学校公民科の一科目、「公共」の教科書にも紹介されている。「液状化」は現代社会における「不安」についての考察であり、近代社会の行き詰まりが明確となった後近代＝ポストモダンの時代における人々のアイデンティティのありようを描いている。

近代社会においては、あらゆる伝統的な秩序が解体され、自由で平等な個人を確立することが目指された。既存の価値観の多くが揺らぎ、学歴社会や終身雇用に代表されるような人生モデルも絶対的な価値ではなくなっていく。個人や家族、地域社会、国家や企業のあり方なども変容する。既存の価値観が社会の土台としての堅固さを失っていくから、比喩的に「液状化する社会」の到来と表現されたのである。

バウマンによれば、かつての近代という時代においては、人々は自分が何者かを位置づけるためのベッドが用意されていたが、価値観が液状化した現代社会では、それがまるで「椅子取りゲームの椅子」のようにおぼつかないものとなっていると言う。自分がどこに座っていれば自分たり得るかが明確でなく、あるいは今、座っている椅子もそのうち立たなければならないかもしれない、一言で言えば「自己のアイデンティティに確信が持てない時代」となっている。これが現代人に特有な「不安」に通じているのだという分析である。職業や専門にとどまらず、地域的、民族的な帰属意識、女や男といったジェンダーなど、かつて所与のものと考えられたあらゆる既存の価値観が揺らいでいる時代を、わたしたちは生きている。

あらゆる「主流にあるもの」から自己を相対化することが、主体的に学ぶ基盤となると述べたものの、現代社会はすでにその「主流にあるもの」や「常識」を支える価値観そのものが「液状化」し、揺らいでいる。現代社会においては、その乗り越えるべき伝統も、近代社会に特有な政治や行政、経済システムそのものも、すべて液状化して、あらゆる打破すべき「常識」も「のれんに腕押し」状態なのである。それでも多くの問いと向き合いながら、みずからの価値観や人生観、幸福観を形成していくしかなく、そのために学びがあるのだ！といったんは主張してみるが、その先にどのような人生を思い描くことができるか、その答えはあらかじめ用意されていない。

学ぶ自由によるインフォーマルな学びへ

わたしたちは、どのようにすれば「自律的にあること」というオートノミーを実践し、古代ギリシャ人の言う「みずからに法を与える者」として、みずからに主体を置いて生きる実感を得られるだろうか。この〈わたし〉を世界から奪還することはできるのかという人間復権への問いと挑戦は、自分自身の関心にもとづいて、自分なりに、そして不断に学びながら考えていく以外にない。生涯学習社会が叫ばれて久しいが、依然としてわたしたちはいかに学び続けていくかを考えていかなければならない。

教育基本法第三条において、生涯学習の理念は「国民一人一人が、自己の人格を磨き、豊かな人生を送ることができるよう、その生涯にわたって、あらゆる機会に、あらゆる場所において学習することができ、その成果を適切に生かすことのできる社会の実現が図られなければならない。」と規定されている。学校教育を終えたあとも、生涯にわたって人生や地域社会を豊かにするために行うあらゆる学びを、生涯学習と言う。

公教育は、近代社会とともに成立した。公教育とは、一般の人々を教化して社会を構成する国民とする公の目的によって行われる教育であるから、公的な制度に則った教育すべてのことを指し、法律的に国や地方公共団体によって管理されている（公立学校はもちろん、私立学校も含まれる）。これらをフォーマルな学びと言う。

一方、友人や先輩から学ぶことや、親方から学ぶ徒弟制の学びなどは、義務教育の平等性とは異なり、特定の対象に行われる。塾やスポーツクラブなどでの学びも、公教育から見れば補完的なものであるが、ひとりの人が学ぶ教育一般から見れば、どちらも意味ある学びには違いない。家庭教育や趣味、遊びにおける学びも、人格形成や身体運動の応用という意味では重要な学びであろう。それらのことを総じて、インフォーマルな学びと言う。

学校を卒業したあとも生涯学習のさまざまなプログラムや学びの機会が市民に提供されるが、これも広い意味では公教育の一部と考えることもできる。一方で生涯学習は、市民が主体的に選び取っていくものであり、文化活動やレクリエーション活動、ボランティア活動など、社会参加の側面も強い。

また趣味やペットなど動物の愛玩、動画配信やＳＮＳ等での自己表現、クラフトやものづくりなど、その範囲は多様化しつつ拡散している。むしろ、行政の提供するものから、同じ趣味を共有する仲間と自由につながっていくようなものまで、広い選択の自由と情報へのアクセスのなかから学びたいものを選ぶことができる。また、博物館や公民館、図書館、生涯学習センター等の社会教育施設において提供される講座や体験教室が、今後も重要な学びの場を提供し、インフォーマルな学びの拠点であり続けるよう活動が継続されている。

何を学ぶかはわたしが決める、という前提に立つのが生涯学習の原則である。高校までの学びとの決定的な違いは、みずから選び取っていく学びであり、教わるのでなくつかみ取る学びである。それは学校教育として大学が提供するプログラムであれ、地域の生涯学習施設が提供する講座であれ、私的なつながりや仲間とともに愉しみながら学ぶものであれ、さらに広げれば好きな音楽やアーティスト、アニメやコンテンツなどを全力で極めていく推し活も、「学ぶ自由」が土台となっている。学校教育のカリキュラムの外側には、「学ぶ自由」の世界がある。

義務教育のあと、わたしたちは自分の学びたいものを自分で選び取っていくことができる。音楽でも美術といった芸術でも、テクノロジーに通じたものでも、あるものへのこだわりを持って学び続けることは、法律を犯さなければ制約されることはなく、誰にとやかく言われることはない。親に反対されようとも、家族の賛同を得られずとも、共通の趣味の友達がいなくても、スキルを身につける、教養を身につける、資格を取得する、好きなアーティストや作品を推し続けることで、自分自身が構築され続ける。

何を学んでどういう自分になるかは「学ぶ自由」として認められ、インフォーマルな学びは道を求める人生を通じたライフロングな学びであるから、ある種の修行のようなものとも言える。そんな「インフォーマル求道《ぐどう》」が、自己実現と社会参加の両方に立脚したパブリックに活動する市民を育むのである。

インフォーマルな学びからパブリックな学びへ

何かを学ぶことは個人的な営為であるが、それを社会との関わりのなかで展開させていく上で、公共圏の創出が不可欠である。公共圏とは、自分自身の意見や言動があからさまに人目にさらされる領域である。こう言ってしまうとネガティヴなイメージを持つかもしれないが、自分と異なる他者のことばに関心を寄せず、また自分で考える必要性も投げ出してしまうと、社会は個別バラバラな個人で構成され、対話が阻害されてしまう。

公共圏とは、自由な活動によって成立するオープンな空間であり、その公共空間は共同体、コミュニティの対極にある。共同体は、現在においてどう考えるかよりも、過去にどうしてきたかが重んじられがちである。「前例にない」と言うとき、現状を変更しようとする声が、伝統的な価値という盾によってはね返される堅固さをイメージするだろう。そこには公共圏が乏しい。

ドイツの哲学者、ユルゲン・ハーバマスは、公共圏を作るためにはものごとを生み出すそのプロセスを改めるべきだとした。単に効率よく答えを導き出すような理性ではなく、互いによく了解し合うためのコミュニケーションが重要と考えた。互いにみずからの意見を持つことが許され、自由な対話によって合意形成を探すことには忍耐が必要である。ヨーロッパの市民社会成立期には、コーヒーハウスと呼ばれるある種のサロンが、誰もがアクセスし得るフランクな市民の対話の場となったとされる。日本の場合、誰もがアクセスできて知らないもの同士が身分や職業にかかわらず会話できた空間は、銭湯や赤ちょうちんの飲み屋ぐらいであろうか。

しかし、話し合いには、日常の関係性が持ち込まれがちである。先生と学生が、演習科目の議論の場で「さぁフラットに話し合おう」と言っても、やはりその関係性をご破算にして対話するのは難しい。いわば、直会《なおらい》の無礼講のような、あるいは真に平等な円卓会議のような、ふだんの関係性を無効にするような自由な空間を、この社会にどのように生み出すことができるだろうか。

多数派の意見のみならず、さまざまな立場の小さな存在があらわになり、少数者の声にも耳を傾けられるようになる公共圏というのは「絵に描いた餅」ではないか…。人はそうそう他者に慮って発言できないのではないか…。公共圏をどう生み出せるかには、自信が持てないものである。多数決で押し切らないための方法は、熟議しかない。熟議とはとにかく話し合うことであるが、そのとき、自分の意見に皆が合意できる理由をつけていく正当化のみならず、ほかの人の意見によって自分の意見を修正したり相手に引き寄せたりする反省的な向き合い方も求められる。そうした議論によって、ともに合意できる理由を作り出すことができるのは、公共圏でしか成し得ない。合意できる理由を熟議によって導き出すことを、パブリック・リーズニングの創出と言う。

世論《せろん》と輿論《よろん》という議論がある。というより、明治前期においては議論によって導かれた多くの人の意見のことをもっぱら輿論と言った。歴史の教科書を紐解けば、明治新政府は、天皇を中心とする王政復古と、天皇による日本の外交権の掌握を諸外国に向けて告示し、国内に向けては近代的な政治のありようを五ヶ条ノ御誓文として国民に示した、と習ったであろう。その第一条は「廣ク會議ヲ興シ萬機公論ニ決スヘシ」、すなわち政治はすべて会議（議会）を開いて話し合って決めていくべきと書かれている。この「公論」は「公議輿論」の略語であり､輿論はパブリック・オピニオンの訳であった。

その後、輿論ということばは、新聞やラジオなどのマス・メディアの発達によって、傾聴すべき公衆の意見、世論調査での有権者の態度などの意味が加わり、世論の字があてられて定着していった。世論の読みがなが「せろん」「よろん」のどちらでも通用するようになり、世論と輿論の違いは意味消失したのである。世論は「世論に流される」という表現があるように、漠然とした世の中の雰囲気や風潮という語感が強く、世論の浸透は同時に輿論の語の持つ公共圏を前提とした対話や論議を後退させていった。

現代においては､圧倒的な情報の氾濫や、声（主張）の大きな人の意見に流されやすい風潮のなかで、何かをさまざまな立場から議論するワークショップやグループ・ディスカッション、グループワークが、仕事や学び、まちづくり、社会課題の議論などあらゆる場で行われるようになっている。それは合意形成だけを目的としたものでなく、諸アクターの協働やチームビルディング、対話の醸成、アイデア出しのためのブレイン・ストーミングなど、結論よりもそのプロセスと効果に対する期待がある。

こうした現代の熟議は、わたしたちの学びの場にも求められるし、まちづくりや何かの活動を生み出す際には、それぞれの立場からものを言ったり、あるいはあえて立場を超えた視点でものを言ったりするような、ある意味で演劇的な振る舞いが求められる。またそれには慣れも必要で、さまざまな場でものを言っていくこと自体が大きな学びの契機でもある。そこでは、たとえ自分の意見がそのまま通らなかったとしても、得るものは少なくない。

いかに他者と向き合い、対話しながら、自分たちのより良い暮らしを作っていくか、すなわち公共圏をどのように作り出せるか。それを最初からうまくできる人などおらず、すべての人がパブリックな身振りをできるわけではない。しかし、みずからが主体的に生きる実感を得られるよう、〈わたし〉を世界から奪還するための努力を生涯続けることが生涯学習であり、その推進がパブリックな市民性を醸成する第一歩であろう。

パブリック「人文道」

Keywords：人文学、メタ知識、日本的な道《どう》

人文学を学ぶ意義

人文学とは、人間のこころを豊かにするため、ものを考えるための素材を蓄えることで、幸福な社会の実現を目指す営みである。こころの豊かさという市場価値に置き換えようがないものをあつかう人文学は、眼前の課題に即応しないかもしれないが、課題の前提やそこにある問いそのものを見つめ直すことで問題の本質を探る「急がば回れ」のスロー・サイエンスでもある。それは「実学」に対する「虚学」の存在意義を考える学びでもある。

たとえば、環境問題、老い、家族、性、障がいなどの諸問題に対する、制度の改革や技術的な解決を考えるのが「実学」だとすれば、我々の考え方そのもの、つまりフィロソフィーを根本から検討し

直す「虚学」の立場にあえて立つのが人文学である。その射程は人間の社会行動のすべての様相におよび、言語、思想、物質文化、宗教、動物観、人間と神々、人工物と人間など幅広い。人文学は、自然科学・社会科学に対し、哲学・文学・歴史・宗教・言語・芸術など文化・芸術の領域である。

現代において民俗学がさまざまな文化創造的な活動との連携を求められたり、美術・デザイン、文学、演劇や映像作品の制作に幅広く参照されたりする背景には、民俗学が基本的に人間の研究としての人文学としての性格を強く持っているからである。民俗学は文化人類学や歴史学、社会学、地理学など、人文学・社会科学のあらゆる学びに接続しており、また視覚芸術や舞台芸術、彫刻、建築、音楽、演劇、文学とも結びついた文化研究である。

わたしは、人文学としての性格を、「メタ知識」「価値の尺度」「人間の学」の三つの観点でとらえている。

「メタ知識」のメタとは「上位にある」といった意味であるが、個別の知識や学問領域を超えた上位から、領域を超えた問いを考えるのである。人文学は、文系も理系もあらゆる学問の基礎となり、その意味を問う。二つ目の「価値の尺度」は、価値そのものに疑問を挟んで考えることである。ある問題をめぐってAかBか二つのどちらが正しいかではなく、そもそもそれをAかBかという設問そのもの、その価値判断の「価値の尺度」自体を議論し、問題の本質を見抜く。たとえば、病気について診断し対処する医学に対し、人間にとって、社会にとって「病」とは何か、異常とは何を指すのか、そうすることで社会はどうかたちづくられているのかを問うのである。三つ目の「人間の学」は、人文学はわたしたち人類の普遍的な問いとしての人間とは何かを問う、存在そのものを対象とするところに目的を置くということである。

こうした人文学を学ぶことで、わたしたちは、「人間であることそのものを問うわたし」の内面における研鑽をする。より良く生きるための探求、その成果を享受するのは自分自身であるから、人文学の学びそのものが生涯学習に通じている。そして、「社会を生きるわたしの実践」という、自分が世界との関係でどう存在するのかを見つめること、自分が何者かを考えながら、社会と関わっていくことにつながる。

科学道と「人文道」

国内最高峰の理系分野の研究所である理化学研究所が、近年広く市民に向けて提案している「科学道」という企画を紹介しよう。これは、理化学研究所に所属する科学者が、子どもの頃に科学への眼を開かされた一冊や、科学者としての人生を選ぶきっかけとなった一冊を選び、全体として毎年一〇〇冊の本を推奨するというものである。全国の書店や図書館との連携で進められており、特に図書館には全体の半分以上の図書を開架することを条件に、展示パネルやポップアップなどが貸し出される。博覧強記の読書人として知られる松岡正剛とともに選書された一〇〇冊には、人文系の書籍や文学、マンガなども含まれている。

科学という合理性や客観性、検証可能性などを重視する研究の世界に、「道《どう》」という日本的な学びのプロセスを位置づけたところも面白い。「道」には、華道や茶道、書道から、空手道、柔道、剣道、合気道、弓道といった武術まで、さまざまなものがあるが、その鍛錬を稽古と呼び、礼節を重んじ、人の生きる道を探求することが目指される。そして技術の習熟に対する評価は、人格と結びついている。最近では、サウナ道、オタク道といった趣味と人生や生きる意味を深く結びつけるような用例もあり、そこには単なることば上のパロディを超えた信念が込められている。

また、「道」という文字は人生を賭したライフロングな学びに通じ、またそれによって真理や理想を求める長い旅路がイメージされる。熟語としてもたとえば、道徳・道理・王道・求道などはそれを表しているし、逆に外道・非道・権道・邪道などは「道ならぬ道」を歩むような背徳のイメージがある。学問の世界も、名のある学術雑誌に論文掲載されたり、賞を得たりすることだけでなく、未知の解明や発明を成すことでの自己実現や、その苦闘や克服を生きた賢者に対する憧れがあるものであるから、学問に向かうことを「道」として「科学道」と書いても違和感はなく、むしろ言い得て妙と感心してしまう。

「科学道」があるなら「人文道」もあるであろう。そして「人文道」は、誰のなかにも見出せる。人生のなかで印象に残っている文学作品、人生観を得た映画や演劇作品、一枚の絵画や一片の詩が生き方を変えることがある。そうしたものを持ち寄って互いに紹介する「人文道」を、わたしはさまざまな授業やワークショップの自己紹介に用いている。互いに「こんな作品が好きでいるようなわたしです」と作品紹介をし、結果的に自己紹介になる。そこに共感したり、興味を持ったりすることで互

人文道の分類表

【人間】

＊自然へのまなざし（自然観や死生観）

＊アジアを生きるわたしたち（東洋思想・哲学）

＊こころの豊かさを求めて（芸術・デザイン）

【文化】

＊異文化としての歴史（過去の人々の価値観）

＊人生をかけた旅の軌跡（フィールドワーク論）

＊仲間とともに問いを深める（共同研究・調査）

＊日本人とは何かを問う（日本文化論）

【ことば】

＊そこ知れぬ知識の海（知識の集積）

＊社会のなかのことば（言語）

＊身の丈にあった学問（在野の学問）

＊未来を見据えるまなざし（未来への展望や子どもたちへの伝言）

いに少し打ち解け、本題に先立つアイスブレイクとして最適なのである。
わたしたちは、さまざまな作品と出会い、それを意味づけ、いわば「人文道」の修行による人間形成を続けなければならない。「科学道」に倣い、わたしは右のような「人文道の分類表」を作ってみた。学問の分類一覧表である「科学研究費助成事業 審査区分表」のジャンルを網羅するかたちで、大分類【 】、中分類＊を設定してみたのである。「人文道」のワークショップは、自分のこころに残っている作品と、それがどのような観点で大切なのかをもとに、どこかの中分類に位置づけてもらい、参加者全員の作品リストを分類別に共有するところで終わる。

わたしの「人文道」修行〔1〕「熊文学」

「人文道」のわたしの一冊の例として、吉村昭の『羆嵐《くまあらし》』（新潮文庫、一九八二年）を挙げてみたい。最近わたしが読んで印象に残った本に、北海道の自然を描いた作品で知られる河﨑秋子の『ともぐい』（新潮社、二〇二三年）がある。『ともぐい』は、冬眠しないクマ「穴持たず」との対峙を描き出した作品である。直木賞を受賞したことで話題となったが、河﨑の作品は、狩猟や漁撈における動物と人間との関係、命をいただくことへの葛藤や畏敬を、毛皮の手ざわりや肉の温度まで肌で感じるような表現で描き出している。わたしはこれを書店で手に取ったとき、かつて読んだ吉村昭の小説『羆嵐』や短編小説『羆《ひぐま》』（新潮文庫、一九八五年）の続きを読めるというような、勝手な期待を抱いた。熊文学の伝統というものが日本文学にあるとすれば、『羆嵐』はその最高峰にあるからである。また、メキシコの映画監督アレハンドロ・ゴンサレス・イニャリトゥの『レヴェナント──蘇えりし者』という映画がある。原作は、マイケル・パンクの実話にもとづいた小説 *The Revenant: A Novel of Revenge* であり、アメリカの西部開拓時代、主人公の男が極寒の森林を生き延び、息子の仇をとるという物語である。その中盤、主人公が森のなかで子連れの母クマに襲われるシーンがある。映画での壮絶なクマとの格闘シーンは、見たことのない驚くべき臨場感であったが、このシーンを『羆嵐』の印象に重ねてしまったので、その恐怖は倍増であった。わたしは野生動物にふれる肌感覚というものを、『羆嵐』という小説のイメージで理解していると気づいた。

命の灯火が消える瞬間を描くさまざまな熊文学は、わたしの自然へのまなざし（自然観や死生観）の土台となっている。わたしには小学校中学年から飼っていた雄犬がいた。名をチルといった。マルチーズとポメラニアンの雑種であり、ともに育った友のような存在であった。その犬は、わたしが大学生のときに実家で死んだ。わたしは京都でひとり暮らしをしていたから、母が看取ったのである。わたしの父が亡くなったときには、わたしは急いで帰省してその死の瞬間に居合わせることができた。それは人生のなかでとても大きな出来事であった。しかし、わたしはチルが死ぬのを見なかった。そのことは、ずっとわたしのなかで、何か本当はしなければならなかったことを、しそびれたという後ろめたさというか、何か大きな損失としてこころに残っているのである。

「人文道」での作品紹介には、具体的にことばにしなくても、そこに一人ひとりの人生の苦悩や社会との軋轢、不安、喪失、抑圧などを垣間見る。そして作品が、何かのかたちで救いや癒しになっていたり、あるいはそれまでの「常識」に対するオルタナティヴな視点の獲得になっていたりすることがほとんどである。さまざまな作品との出会いの蓄積が、人生を生きる「道」を示し続ける、それが「人文道」である。

読者のみなさんの人生の一作品は、どのような文脈でどの分類に入るだろうか。

わたしの「人文道」修行〔2〕「公害病と文学」

人文学の学びの目的のひとつは、自分自身の「常識」を見つめ直すことにある、とよく言われるが、「常識」を見つめ直すことほど難しいものはない。悟りを得た修行者のように、わたしたちの社会の基本的な構造すらも達観するのは容易でなく、困難と苦しみを避けて通れないからである。水俣病患者家族であり、患者認定運動に身を投じた緒方正人が著した『チッソは私であった―水俣病の思想』を読んだとき、わたしは「常識」を踏み越える過程の深い葛藤に圧倒された。

不知火海《しらぬいかい》に面した熊本県葦北郡芦北町女島に生まれた緒方正人は、父親をはじめ一族の多くを原因不明の病で亡くした。当初は「奇病」として恐れられ、患者は周囲からの差別に苛まれた。その病は、プラスチック原料を生産する大企業、チッソによって四半世紀以上にわたり海に流された工場排水を原因とし、病はそれに汚染された魚を食べた人にあらわれた。のちに水俣病と呼ばれる悲惨な公害病であった。

緒方正人は、子どもの頃に父親の死に直面して以来、毒を飲ませたのは何者か、仇討ちをしないと気がすまない、チッソをダイナマイトでぶっとばしたいと考えてきたという。原因が明らかになったのちも排水を止めなかったチッソを相手に、被害者たちは企業の責任を追及し補償を求めるようになったが、しかし被害を受けなかった住民からの冷ややかなまなざしや運動への温度差から、水俣の人々に深刻な分断が生じていく。緒方正人は、父親の無念を晴らす一心で運動に加わり、二〇歳から一〇年にわたり、チッソや国、行政に対して補償や患者認定を求めていった。

しかし、その過程で論争の焦点が患者認定や裁判といった制度、補償金の問題等に転換していき、また行政や企業という組織が相手であることから具体的に責任を負う人がどんどん見えなくなってゆき、緒方正人は次第に誰と闘っているのかがわからなくなってしまう。そしてついに運動から離脱し、チッソとは何なのかという根底からの問いにいたって「狂いに狂って」しまった。何と闘っているのかがわからなくなったことで「狂う」とは、それを経験した緒方正人にしか本当の意味では理解できない、本書に独自の表現である。

おれも一方ではプラスティックの舟に乗って、石油製品でできた網を使って漁をして、レーダーや魚群探知機や、緊急の連絡のために携帯電話まで舟に乗せているわけです。そういう自分との格闘がいつもあります。特に狂って間もないころは、自分がプラスティックの舟に乗るのがものすごく嫌だったです。それで漁をしてプラスティックの箱に魚を入れて市場にあげてカネもらうときなんか、おれ、何やっとっとかなと思って、自分で嫌悪感に襲われるとです。なんだ、獲ってきた魚はカネにしかならんのかと思って、歯痒いわけですよ。おれが実現したいのはもっと違うことなんだと思いながらも、日常はそのようにしか流れない。

（緒方正人『チッソは私であった――水俣病の思想』河出文庫、二〇二〇年、二三六～二三七頁）

加害者と被害者、善と悪、患者と行政、あるいは企業、といったすべての二項対立が意味消失し、自暴自棄となって、世の中の近代的なものすべてを否定する「狂った」状態にあっては、家のテレビや自家用車を破壊するという行為にまでおよび、信号機を見ても嫌悪感を抱くというありさまだったという。公害の原因を作った特定の企業や個人、それを見すごした行政にとどまらず、法秩序や裁判制度、市場経済や資本主義、大量生産／大量消費社会、発展史観と成長神話といった、この社会そのものの前提となる社会構造へと、対抗する相手が変わったのである。その葛藤の末、緒方正人は自分自身も実はその嫌悪した社会の一部であったことに気づく。こうした自己相対化の果てに、「狂った」あとの緒方正人は、問うべきものは自分自身の存在だと思いいたり、「水際に帰る」という実践に人生を費やしていく。

目の前にあって耳に聞こえ、肌で感じられるようなものには、闘いをやっているときには目が向いていなかったわけです。敵を倒すことばっかり考えていたものだから、生まれたときからあった海とか山とか茸とか草木とか鳥とか、そういうものに目が向いていなかった。小さいときから、〝親父の仇《かたき》をとろう〟という気持ちがあって、闘って、仇がだれかわからんごとなって、巨大な化けものだというところでしかわからなくて、狂って、そのときに生まれ育った世界に引き戻されたというか、引き据えられたんですね。私の魂入《たましいい》れだったんだろうと思いますけど。

（同、一八八頁）

「水際に帰る」思想

『チッソは私であった』には、身の回りの自然に目を向けて、故郷の島の生活を記述した「魚《いお》とともに生きる」という章がある。緒方正人はもちろん民俗学の心得があるわけではないが、わたしはこれを現代の最高の民俗誌のひとつだと思ってきた。自分と不可分な何気ない地域の暮らしは、自分自身が近代文明社会にがんじがらめに拘束されていることの葛藤にもがき苦しんで「狂い」、その果てに再び見つめ直すことで初めて記述可能なものとなった。緒方正人の表現では「魂入れ」の境地である。本当の民俗誌とは、現地取材した内容の整理ではなく、自分と不可分な文化を引き剝がして、葛藤し、その先にもう一度見つめ直して引き受けるという過程の表現ではなかろうか。

「水際に帰る」ことから患者としての運動ではなく、人々に問いを投げかけていくようなさまざまな活動に、緒方正人は身を投じていった。不知火海に伝統の打瀬船《うたせぶね》という木造船の建造と、東京への航海も重要な活動のひとつであった。石牟礼道子によって「日月丸」と名づけられた打瀬船の舳先の

© おおやまなつね

向く先は、わたしたちがどういう時代を生きているかを問い直すための羅針である。

ある意味でがんじがらめの世の中で人間が解放される可能性がどういうふうにありうるのか、それがおれはずっと気になっているんです。そのときに、たとえばチッソで働いている人たちも、いま潰れかかっている銀行で働いている人たちも、役人や政治家までも含めて、人間をもっと創造したいという気持ちがあるんです。それは自分の力量を超えたどでかい課題であることは百も承知しているんだけど、それでもそのことに惹きつけられるんです。つまりおれは水俣病事件のことば一所懸命やって、たどりついたところはもう水俣病にとどまらんのですよ。人間ば考えさせられとるんです。（同、二三七頁）

父親の仇討ちから始まった緒方正人の活動は、東日本大震災における原発事故の被災地・福島や、米軍基地建設のために埋め立てられた辺野古の海など、環境問題をめぐる問いが先鋭的にあらわれるあらゆる現場に向いていった。それは「水際に帰る」、すなわち故郷の海という土台に支えられているのであろう。

患者・遺族をめぐる運動や裁判の過程で、想像を絶する苛烈な葛藤の末、それまで無意識であった社会全体の基盤となる巨大なものの存在に気づいたとき、緒方正人は、「狂いに狂って」しまった。それは、芸術家が社会との葛藤を作品を通じて突き詰めた先にいたる境地、宗教者が厳しい修行を経て世俗のあらゆる価値から達観する境地を思い起こさせる。『チッソは私であった』は、『苦海浄土――わが水俣病』（講談社文庫、二〇〇四年）など石牟礼道子の文学と併せて、みなさん自身で読んでもらいたい公害病と向き合った人々の文学である。そこにわたしは、学びというものの本当の意味を垣間見る。

人文学からの「自己形成」と「社会参加」

「人文道」の分類（四四頁）を試みれば、「熊文学」は、大分類**【人間】**「＊自然へのまなざし（自然観や死生観）」に入れられるであろうし、「公害病と文学」は、大分類**【文化】**「＊人生をかけた旅の軌跡（フィールドワーク論）」と大分類**【ことば】**「＊社会のなかのことば（言語）」に含めることができるであろう。本書を手に取ったみなさんの人生の一冊は、どのように意味深く、そして「人文道」のどこにあてはまるであろうか。そうしたものを持ち寄って共有し、ほかの人がどんな作品から何を得たのかを知ることは、自分自身の学びにもフィードバックすることができる。そこにこそ「人文道」の意義がある。

人生の一冊と向き合う「人文道」の学びは、より良い社会にするための探求であり、「自己形成」、つまり何を学ぶかは、どんな自分になりたいかであるという確信、そして「社会参加」、つまり多様な価値を認め合うために動き出す積極的な動機の醸成がある。

●自己形成

人は何を学んだかでできている。どんなものを血肉にして自分をなしていくか。それは大学カリキュラムのように完結するものではない。不断に営むことだから、つまり、生きることそのものだ。

●社会参加

生涯学習に生きる人は、好きなことを家でただ愉しんでいるだけでは不十分だ。それを広くシェアしたり、世に問うたり、つながったりというアクションがあってこそであり、学ぶことは、文化や価値観の多様性を共有することにつながる。

前者は自分自身の内面において、「人間であることそのものを問うわたし」の研鑽と言い換えることができる。より良く生きるための探求であり、その成果を享受するのは自分自身である。後者は社会との接点、すなわち自分自身の外の世界において「社会を生きるわたし」の実践である。フィールドとの関わりは、もはや研究を目的としたフィールドワークから、学び続けるための自己のための学びの過程となっていくのであり、そのアウトプットは次章で紹介するオートエスノグラフィ（自己の民俗誌）や生活史といった、書き手の人格と不可分な全人的な表現と親和性がある。

〈わたし〉の生活史

Keywords：情報社会、オートエスノグラフィ、生活史

何かをわかる過程における葛藤

わたしたちの身の回りの情報というものは、常に編集されている。自分の目で見ているものは多くの情報を含んでいるが、しかし目に見えているものはものごとの一面にすぎない。

ひとつのリンゴを手に取ってみれば、目で捕捉できるのは手前の前半分だけである。後ろ側のすがたは、おおよそ予想はつくが、しかし思わぬ虫食いがあるかもしれない。また切ってみれば実は腐っているかもしれない。あるいは蜜入りの完熟かもしれない。

切ったあとの理解にも先入観が介在する。たとえば、「蜜入りリンゴ」という商品を、人工的に蜜を注入していると考えている人は少なくない。リンゴを切ったときに見られる「蜜」は、光合成で生

成された甘味成分（ソルビトール）が果実に入って糖となったもので、それが飽和状態になると完熟状態であり、そこから進むと細胞からあふれ出して「蜜」に見える。「蜜」は人工的に注入したものだという情報を信じていれば、せっかくの完熟した自然の恵みを人為的な加工と見なしてしまうであろう。

同様に表面がツヤツヤしているのは、リンゴの果実に見られる「油上《あぶらあ》がり」という天然のワックスによるものであり、脂肪酸が皮表面の蠟成分を溶かして乾燥を防止する役割を果たしている。しかしこれもまた、美味しそうに見せるための生産者の演出だと誤解していれば、やはり人為的な加工と理解してしまう。一見すると科学的で客観的と思える解説も、疑心暗鬼な噂話も、わたしたちは等しく情報として受け入れ、「わかる」ために編集している。リンゴひとつとっても、わたしたちは〝すんなり〟理解にいたることができない。

〝ググる〟ということばが流行った。わたしたちが何かを知りたいときには、すぐにインターネットで検索をする。グーグルなどのいわゆる検索エンジンに単語を入れれば、辞書や事典で調べたり、専門書を読んだりするよりもお手軽に何かを「わかる」ところまでたどり着く。そこでヒットする、特定のテーマにもとづく情報をあらかじめ集め、編集してくれているキュレーション・サイトや、匿名的な多数の人たちの手によってインターネット上の情報をもとに編集したウィキペディアなどにたどり着く。またニュースや事象を一方的に解説したり論破口調で言い切ってくれたりするユーチューバーの動画コンテンツも、これはこうだと「わかる」快感をともなって広く受け入れられている。そこには、リンゴで言うところの裏面の虫食いや、蜜やツヤへの思い込みに相当するものが潜んでいる。

　現代社会は、コンテンツや情報があまりにありすぎて翻弄される毎日である。デジタル技術の進歩と、スマートフォンなどの個人の端末が普及し、どんな情報にアクセスしたかの履歴からその人の嗜好性が情報として分析され、似たようなコンテンツが提案され続ける。検索という主体的な情報収集をしているように自分では思いながら、裏ではむしろ提案された情報を吟味しているにすぎないことに、わたしたちは気づきにくい。これを「情報検索」に対して「情報引き寄せ」と言う。そうした情報にかけられるフィルターは、いつの時代もその時代の情報のあり方のなかで存在することであり、現代に特有な問題ではない。

　しかし、何かを「わかる」にいたる過程は、〈わたし〉を問い直す作業であり、ときにそれは「本当のあなたは誰か」というような切実さを持つ。何かを「わかる」までのあいだで、「常識」や固定観念が瓦解したりするその過程にこそ、広く伝えたい何かがあるのである。ここではそうした〈わたし〉の葛藤を含めて書くというオートエスノグラフィ（自己の民俗誌）と、他者のパーソナルな体験談や語りを、語った人の人格を全面に出しながら記述することで生活のアクチュアルなすがたを浮上させる生活史という、二つの記述の技法について紹介する。

〈わたし〉を含めて書くという実践

　中村佑子による『わたしが誰かわからない――ヤングケアラーを探す旅』という書籍から一節を引用

する。

筆をとったり、筆を置いたりするわたしの右往左往、迷いとどうも、すべてをここに書いている。わたし自身の感情や思考のドキュメントとしての部分も大きいが、その道行きの困難さも含めて、書くということが孕《はら》む問題に向き合うことだったのだろうと、いまはそう思っている。

（中村佑子『わたしが誰かわからない――ヤングケアラーを探す旅』医学書院、二〇二三年、六頁）

これは、ヤングケアラー、つまり障がいや病気の家族のケアによって、学びの機会や自由を「奪われている」児童や生徒について取材を進めていく過程で、ヤングケアラーとは実のところ誰なのかと思索する、〈わたし〉を含めて書くエスノグラフィである。

社会的課題としては当事者に選択肢を与え、外的な逃げ場をつくって解決しなければならないだろう。

しかし、そこにヤングケアラー当事者の本当の感情は響いているだろうか。どこか置いてきぼりであるようにわたしは感じていた。そもそもヤングケアラーと自分が名づけられるとは、これまでの人生でまったく思っていなかった。自分が何かの当事者であるとは、露ほども思っていなかったのだ。

世界はいま、さまざまな当事者であふれている。みな何がしかの当事者である「当事者の時代」に入ったのだろう。しかし、突然登場してきた言葉で自分の、自分だけの過去の記憶を定義されることへの戸惑いを抱える人もまたいるのではないか。その白黒つけられない、グレーな、はざまの、淡い色調を、一つひとつ書き起こしたいと思った。（同、五頁）

ヤングケアラーは、名づけられるまで社会に埋没した存在であった。その声はどこにも届かない小さく弱い存在であったが、名づけられることで社会問題化し、議論の俎上に乗る。ところが、そのラベルで人格が均質化され、一方的に弱者と位置づけられることには、当事者には「主流にあるもの」との葛藤として感じられる場面もある。個のままでは声が届かない、カテゴライズされると個が埋没してしまうという、狭間のジレンマにこそ、本当に考えるべき問いが潜んでいる。社会問題としての対象を「解説」し、理解可能なものとすることで満足せず、全人的なフィールドワークによる自分自身も含めた記述によってますます問いが切実化し、何かを理解したつもりでいた自分と向き合う視点を得る。そこに、わたしを含めて書くという実践の意義がある。

『わたしが誰かわからない』の読者は、ヤングケアラーとラベルづけされた子どもたちには、実は一人ひとりの異なる生活があり、ケアに対しての価値観や考え方なども千差万別なのではないかと思いいたる。著者の中村佑子自身も、ケアに多くの人生の時間を割いてきたというが、果たしてニュースであつかわれるほどに自分は不幸であったかと疑問を挟み、自己と他者との関係を最前線で問い続けているケアの主体について問いを導いていくのである。

オートエスノグラフィという記述法

民俗学は特定の地域や集団に長期的に取材を続けるフィールドワークを行う。そして、最終的には民俗誌という、文字＝テクストでの表現を行う。地域の暮らしの総体を、フィールドにいない人にも理解できるように客観的に記述するもので、これにより他の地域の民俗誌との比較研究が可能となる。

しかし、フィールドワークを通じて自分自身の価値の揺らぎと向き合うプロセスは、主観的なものとされ、民俗誌の記述からは除外されてきた。だが、ここまで述べてきたように、パブリックな立場から人々とともに調べたり表現したりする過程では、それに関わる人の感情や葛藤を避けて通ることができない。ましてや、地域文化や生活から立ち上がる問いをもとに、作品としての表現や活動を生み出す上では、当然〈わたし〉や〈わたしたち〉が主語となる。

オートエスノグラフィ（自己の民俗誌）とは、社会を「わたし」も含めて書くという記述法である。オートエスノグラフィは、研究の動機や目的、そこで得られる結論が必ずしも学問の世界＝アカデミアにつながっていない。むしろパブリックに開かれ、さまざまな人々とのコラボレーションに支えられているが、そうした在野性はもともとフィールドワークの本分であった。地域を生きる一人ひとりが、相対化したまなざしで地域を見つめ、ときには課題や問題を探りあてつつ、魅力に気づいていくことが大切であり、オートエスノグラフィとして表現することは、広く市民の自己表現に開かれている。

オートエスノグラフィの名著とされるのが、ロバート・マーフィの『ボディ・サイレント――病いと障害の人類学』（辻信一訳、新宿書房、一九九二年 初版）である。本書は、筋肉麻痺をともなう困難な病気を患った文化人類学者の著者が、まるで異文化の諸民族の文化や社会を調査するようなまなざしで、患者としての自分自身の身の回りで起こることを記述していったエスノグラフィである。介護なしには生きられなくなっていく自分が、アメリカ社会の医療制度においてどのように社会的に「患者」となっていくか、あるいは家族が直面する生活の変化、病を生きる自分自身の社会的な存在について記述しながら、まさに「主流にあるもの」と「ヴァナキュラーなもの」の狭間で葛藤していく。著者は、人類学者としてそれを記述するという視点に立つことで「主流にあるもの」を相対化し、自分とは何かを読者のわたしたちに問うていく。迫りくる死と直面しながら語られる切実なことばと、どこか達観したような客観的な記述に、胸をギュッと締めつけられる本である。

最近、ある本の〝社会からわたしの体を取り戻す〟という考え方に釘づけとなった。作家・西加奈子の『わたしに会いたい』（集英社、二〇二三年）の一節である。西の作品にはこれまでいくつも親しんできたが、カナダ在住時に乳がんが見つかり、その闘病から治療を終えるまでのドキュメントである『くもをさがす』（河出書房新社、二〇二三年）から、短編集『わたしに会いたい』を読み進めるなかで、わたしは世界と〈わたし〉の距離感を再考させられた。闘病の過程で、ふだんは無意識である〈わたし〉の身体は、社会からの関与を受け続けて「女性」あるいは「男性」と規定され続ける。病と闘うことは、同時に社会と、そして世界と闘うことであるのかもしれない。

〝社会からわたしの体を取り戻す〟という考え方には、『ボディ・サイレント』に通ずる問題意識を見出すことができる。卑近な例であるが、毎年の健康診断で肥満や血液検査の数値を指摘されると、急に自分の体を覆う脂肪や流れ続ける血液がよそよそしく思えるように、自分の身体の一部として認識しなかったものが、何かによって名づけられることで急に身体も「もの」であることに気づくことがある。それはこの身体が標準値からどれほどはみ出しているかとしてだけでない。それは身体をめぐる社会からの関与について気づく貴重な機会なのかもしれない。

個人の体験を「パブリックなもの」へ

生活史とは、中野卓、桜井厚といった社会学者たちが移民や女性、戦争体験などのライフヒストリー研究から成熟させていった質的研究法である。生活史は、個人の体験にもとづく瑣末なエピソードで構成されることが多いが、そこにはその人が生きた背景にある時間や空間がありありと透けて見える。近年では岸政彦による『東京の生活史』（筑摩書房、二〇二一年）、『大阪の生活史』（筑摩書房、二〇二三年）、『沖縄の生活史』（みすず書房、二〇二三年）など、それぞれ一〇〇人以上の語りを記述した書籍が注目されている。

これらの生活史の面白いところは、聞き手も語り手も一般の人であり、それをいわばキュレーションして提示するのが岸政彦という構成になっていることである。また、自身の生活を自分語りした『にがにが日記』（新潮社、二〇二三年）という本まで出版しているのも興味深い。最小限の編集で、何気ない人生の語りを、淡々と読み進めることは、旅先でたまたま出会った人に話を聞いているような感覚もあり、また一人ひとりの暮らしの風景が見えてくる語りの総体が、結果として東京、大阪、沖縄という都市を浮かび上がらせる。生活史は、数多くアーカイヴすることによって時代背景や状況が浮き彫りとなっていくが、誰もが聞き手としても、そして語り手としても参加できる「パブリックなもの」として成立している。

日本民俗学では、東日本大震災の前から生活史の方法を採用したプロジェクトがいくつも推進されてきた。よく知られているものに、福岡市史編さん事業において、生活史の方法を採用した大部な一冊がある。『特別編 福の民―暮らしのなかに技がある』（福岡市史編集委員会編、二〇一〇年）である。博多の都市には、さまざまな職業の人々が暮らしており、それぞれの人生の営みや生活の機微がある。そうしたミクロな生活の総体が都市を形成しているが、農村や漁村のコンパクトなコミュニティに比して、都市の生活はつかみどころがない。しかし、生活史として記述された一人ひとりの暮らしの風景は、実に色鮮やかで、ウィットに富んでおり、困難な状況も人生のエピソードとして力強い語りとなっている。

自分語りの領分と聞き手と語り手の対話の領分のバランスは、研究者や表現者の個性となってあらわれる。そこでは、こうあるべき、あるいは学問的に正統とされる理論や方法、枠組み、用語を踏み越える動機があり、地域の人々との対話や協働から、そもそも考えるべきことは何かが浮き彫りとなり、活動の継続が問題発見の連鎖として共有されていく。自分を含めて表現することは、〈わたし〉という存在について考える過程である。そしてそこに浮き上がる問いは、極めてパーソナルなものにもとづいていたとしても、誰もが抱く葛藤や不安でもある。オートエスノグラフィや生活史は「ライフ」、すなわち一人ひとりの暮らしの風景を記述するメディアなのであり、世界から〈わたし〉の存在を取り戻すための記述法でもある。

現代は、観光や消費のかたちが大きく変化してきており、文化的な他者との出会い方も変化してきている。かつてマス・ツーリズムと呼ばれた、二〇世紀後半の団体旅行時代は過去のものとなった。しかし、消費型の観光事業が引き起こす環境破壊やオーバーツーリズムによる文化継承や地域生活への影響は、負の遺産として現代の社会問題に継承されている。そうしたものからの反動として、現代は旅の個人化、目的志向が顕著である。その土地ならではの郷土食や、発酵食品、加工品などの伝統食材を楽しんだり、風土に根ざしたものづくりに親しんだり、素朴な生活の営みのかたわらにお邪魔して何でもない会話を交わしたり、手作りの交流イベントに参加して活気を共有したり、生産者の顔の見える商品に敬意を抱いてそれを購入したり…。そうした身の丈を超えない自然や人々との関わりが、地域の魅力ととらえられる時代になっている。

文化について考える行為そのものが、より個人の内面で行われるようになっている現代にあって、旅や他者との出会いから何かを物語ったり、作品を制作したりするときに、自分自身を持ち出すことが自然になってきている。「日本文化とは〜」と身の丈を超えたスケールで語るよりも、「わたしの子ども時代は～」「わたしが見てきたことは～」と身の丈を超えないエピソードで語ることのほうが、深い議論を導く。そんな時代をわたしたちは生きていると考えてみてはどうだろうか。

オートエスノグラフィは、〈わたし〉というフィルターを通じて地域文化や生活文化を経験し、そこで起こる自己の価値観の揺らぎに問いを置き、そこにいるわたしが実際に体験した現場を最も大切にする立場をとる。しかし、単に個人的な感情を吐露するのではなく、人々と共有したり、提案したり、ときには拒絶されたり、議論したりするなかで、描かれるものである。それは、フィールドワークで対象と向き合いながら、自己にはね返ってくるものと自分自身が向き合う自己の民俗誌でもあるから、記述は調査者自身の体験や思索と不可分になっていく。パーソナルな体験にもとづくものが、書くこと・対話することによって「パブリックなもの」として、地域の人々や活動の仲間や読者と共有可能なものとなる。〈わたし〉を含めて書く、あるいは描く、表現する実践は、全人的な表現であり、学び続ける〈わたし〉を常に認識する方途である。その意味では、オートエスノグラフィ的（オートエスノグラフィック）な手法は、究極の生涯学習のプラットフォームとなる。

人生を生きることと一体化した記述へ

かつて歴史学者の古島敏雄は、『台所用具の近代史―生産から消費生活をみる』（有斐閣、一九九六年）という一風変わった本を出版した。それは、極めてパーソナルな子ども時代の記憶から出発しつつ、同時代の文献資料、統計資料を総合的に用い、近代の消費生活の変遷を描いている。具体的には、台所用具の使用方法に関する聞書きや記憶をもとにしたデータを、特定の時代の生産統計とインフラ整備に関する文献資料と突き合わせることで技術革新の画期を探りあてようとするアプローチである。この研究の特異な点は、インフラ整備や物流の状況に関するデータを、そのまま個々の生活者レベルでの変化に結びつけて、社会や経済の発展を描く視点に立っていないことである。また、水道の普及・排水・ガスの普及・電化など複数の要素の組み合わせによって、各戸の台所が具体的にどのように変化していったか、その過程で新たに生まれた不便さは何であったか、あるいはどのような適応が必要であったかなどに注意を向け、水道の普及が生活を総体として合理化したといった安直な理解を避けている。しかし、個人の思い出というおぼつかないものから出発している本書は、歴史学的にはほとんど注目されておらず、また特定の地域に比重を置いて技術史を描きつつも、全体としては経済に目が向けられていることから、民俗学や民具研究からもあまり読まれていない。

客観的な歴史叙述を旨とした歴史家が、みずからの記憶を振り返りつつ、歴史学的な方法でいわば外堀を埋めるように実証していく本には、ほかにも古島敏雄『子供たちの大正時代—田舎町の生活誌』(平凡社、一九八二年)、西山松之助『しぶらの里—宿場町民俗誌』(吉川弘文館、一九八二年)などがあるが、どれも歴史の大家の思い出話といった程度にしか読まれていない。

〈わたし〉を含めて社会を見つめる視点は、「常識」から自己相対化することへと通じている。その方法の例として、オートエスノグラフィや生活史の記述を紹介したが、そのどちらにおいても重要なことは、社会的に規定される〈わたし〉の身体や存在を認識していくまでのプロセスが記述されていることである。自己相対化とは、相対化できたか、できていないかというような結果や成果の問題ではない。自己相対化と向き合っていく過程、問題発見から一定の答えを得る発見までの思索の過程を記述すること＝ドキュメンテーションによって、自分が何者であるのかを認識していくのである。

そのプロセスは、もちろん研究者が書くようなアカデミックな論文などの形式をとらずとも良い。前述の緒方正人のように、海に船を出して魚を獲ることも、問いと向き合うことで意味ある行為となる。そしてついには、木造船を建造して船出するというような「水際に帰る」ことも、社会の大きなシステムとの軋轢に苦しむすべての人々に対して何かを書き続けることも、〈わたし〉を世界から奪還する実践となる。

誰にも開かれた民俗学は、アマチュアの学びの絶好の方法となる。テキストでの文字表現だけでなく作品制作でも、商品開発でも、活動でも構わない。アマチュアの学びは、もちろん学問的な客観性には立っていないから、地域文化を美化したり誤読したりしているような場合も少なくないのだが、生涯学習とはまずはそのようなところから始まるものでもある。

しかし、わたしが危惧を抱くのは、古いものは良いものだ、ローカルなものには価値がある、といったある種の文明批判がフィールドワークの動機と結びついているようなときに、地域にある土着的な文化を無条件に礼賛してしまうことである。その態度は、そこに潜んでいる近代性や「主流にあるもの」の影を見失っている。社会を自己相対化する視点まで失ってしまっては、もはや民俗学のエッセンスは生きていない。

自分自身をかたちづくるものを再認識する機会は、人それぞれのやり方で得られる。フィールドワークのように本格的でなくても、旅して非日常的な経験をすることで日々のルーティンからいったん離脱するだけで、「常識」に疑問の楔を打ち込むことができる。また、本を読んだり芸術作品を鑑賞したりすることで他者のまなざしを借りて世界を眺めてみたり、スポーツやさまざまなチャレンジによって身の丈の限界のちょっと先を垣間見る瞬間を経験したり、「常識」に疑問を挟むきっかけは、人生の楽しみのなかに埋もれている。自己と向き合うのみならず、身近な他者との対話や、共同で何かの目的に取り組むような地域の活動も自己相対化する契機となる。学校教育のカリキュラムの外側にある学びは、人生を生きることと不可分である。

自分ヒストリー

Keywords：共有する権威、パブリック・ヒストリー、パブリック・フォークロア、ソシャール・ラーニング

「社会科ぎらいの地域志向」

「社会科ぎらいの地域志向」と言える、〝面白い人〟が増えている。学校教育では社会科に苦手意識を持っていた若者が、地域文化の魅力を掘り起こし、さまざまなかたちで表現活動の担い手として活躍しているのである。ローカルな文化にふれたい、自分の生活と不可分な地元について調べてみたいという動機から、民俗学に関心を寄せる人々がわたしの研究室の扉を叩く。地域に身を置いて何かを考えたい、そこで何かを制作したいというフィールドワークへの期待に、アカデミックな民俗学は必ずしも即応していない。しかし、民俗学から多くを吸収しつつ、旅の過程で縁を得たフィールドや、自分の生活と不可分な地元において、生き生きと活動したり表現したりしていくなかで、いつの間に

か「社会科ぎらいの地域志向」の〝面白い人〟になっていく。

かつて民俗学の専門教育は、歴史系学科の周辺諸科学として人文地理学や考古学とともに位置づけられるか、文化人類学等とともに地域研究や比較文化の学科に属すことがほとんどであった。しかし近年、地域創生や社会共創、多文化共生、観光振興、持続可能性などの地域課題を通じた学びを掲げる学科を新設する大学が増えており、そうした学科のカリキュラムにおいて民俗学が非常に重要視されている。また、そうした大学の門戸を叩く学生は、皆が皆、科目としての社会科が得意であったとも限らず、むしろフィールドワークやワークショップといった経験主義的な学び方に関心を向けている。受験のために覚えることよりも、遊びや探求、自己開拓などに通じる、自発的な学びに悦びを見出す姿勢は、「社会科ぎらいの地域志向」の学びの土台となっていよう。

近年は、地域の社会課題と向き合う活動や場づくり、コミュニティデザインなどを実践している多くの人に、民俗学の書籍がよく読まれている。地域でリサーチをして魅力を見出し、活性化し、デザインを加えることで、新たな価値創造が起こっているが、「社会科ぎらいの地域志向」な人には、そんな現場でよく出会う。フィールドワークに必要なことは、偶然のきっかけと一歩踏み出す勇気、それと少しの時間的余裕であって、学歴社会に特有な学力や能力の優劣による判断は意味を成さない。「学校であんまり社会とか得意じゃなかったんだけど、この地域のことはちょっと興味あるんだよね」と言いながら、いつの間にか〝もの知り〟になっている。そんな「社会科ぎらいの地域志向」は、市民の学び方でもある。好きだから知りたい、興味があるから調べたいだけであるから、それ以上でも以下でもない。テストもないし、覚えたくないことは覚えなくて良い。

「社会科ぎらいの地域志向」のうち、「社会科ぎらい」は、歴史年表として列記されるような情報としての歴史、否応なく与えられ覚えさせられる歴史、素人の議論への参加を拒む専門用語、研究者のみによって描かれる公式の歴史、「社会科ぎらい」はそうした学問の権力性への抵抗をはらんでいる。

一方、「社会科ぎらいの地域志向」のうち、「地域志向」には、みずからの生活や人生との地続き感と学びへの必然があり、生き甲斐に通じている。たとえそれが負の歴史であっても、みずからも関与して理解していくことで、意味あるものとして人生に刻印され、癒しに結びつくかもしれない。自分の関心にもとづき、専門家が見向きもしないような伝聞や語りに耳を傾け、みずから歩き、関わりのなかから何かわかっていく、そうして生活から立ち上がる身の丈を超えない歴史や文化を、自分のことばで描き出していく実践は学びの愉しみに通じている。

一般に文化とは、それを生きる当事者、生活者でなければ担う権利がないというイメージがある。しかし、逆によそ者は他者だから冷静に見ることができるという側面もある。地域課題を軸としたときには、当事者には当事者の役割が、外部からの関与者にはその役割があり、相互にそれを意識することが良い活動への大前提であろう。わたしが深く関与するいくつかのフィールドにおいても、いろいろな背景を持つ若者や、わたしのような中年層が、みずからの関心とやりがいを総動員して、地域のさまざまな活動に外部から積極的に関与している。偶然のきっかけから、少しだけ興味が深まった地域に対しては、そこがどんな自然や歴史、文化といった風土があるのか、ちょっと知りたくなるものである。

そうした人々の多くは、民俗学に高い関心を抱いているが、多くの学問と同様に民俗学をひとつの道具として自分本位に使い、ときには捨て、また拾い直し、そうしていわば学問を〝飼い慣らして〟、自分のものとしている。そして思いもよらぬアプローチで、みずからの活動として地域文化にコミットしている。専門家から見れば「それは学問としての民俗学ではない」と見えるかもしれないが、在野の、すなわち「野の学問」としての民俗学の伝統を支えてきたのは、一般の人々の好奇心と不断の学びであり、それを通じて社会参加することで獲得したシチズンシップ（市民性）であった。

「社会科ぎらいの地域志向」は、これから述べるパブリック・ヒストリー、パブリック・フォークロアの重要な担い手であり、コラボレーションのパートナーである。自分の手で地域の生活文化を探ろうという動機の先には、生活と地続きな主体的な学びがある。「社会科ぎらいの地域志向」の〝面白い人〟の多くは、学校のカリキュラムのようなフォーマルな学びでは得難い「パブリックなもの」を獲得している。

世界から「わたしたちの歴史」を取り返す

歴史にもいろいろある。歴史はこれまで、専門的な歴史学者によって描かれてきた。歴史の教科書で習うような、大きな歴史の流れや国民国家に視点を置いた歴史である。これに対し、歴史年表には出てこないような歴史がある。家族の歴史を紐解くファミリー・ヒストリーもあるし、我々という意識を共有するエスニック・グループの歴史、地域コミュニティのローカル・ヒストリー、出身学校の校史、字や集落ごとの歴史もある。身近な歴史には、実体験のあるものから、名前のわかる先祖も含めた数世代の営みまであるが、そうした「わたしたちの歴史」を描くのはいったい誰なのか。

歴史には二つの過去がある。「歴史的過去」と「実用的過去」である。前者の「歴史的過去」は、研究者が史・資料の分析から叙述する「史実」であり、学術的な権威によって裏づけられている。国家の歴史や大きな世界の動きを叙述する歴史である。そこでは一人ひとりの人生や、ささいな日常の暮らしは、取るに足らないものとされ歴史に描かれない。描かれないからあたかも存在しないようだが、どんな歴史の出来事の背景にも、庶民の描かれない歴史がある。

後者の「実用的過去」は、「歴史的過去」ではかき消されてしまったミクロな生活の営みや、そこで生きる人々の声によって物語的に描かれる。情緒的・感情的で、主観や解釈が介入し、語る者によっても誰に語るかによっても変化してしまう揺らぎをはらんだ歴史である。しかし、「主流にあるもの」に抑圧された小さな声に耳を傾け、さまざまな背景の人々の対話によって社会に問いを投げかけることができる歴史として提示できる可能性があり、それ自体ひとつの運動としての原動力を持っている。

パブリック・ヒストリー（公共歴史学）という議論がある。パブリック・ヒストリーとは、公共の歴史、すなわち「わたしたちの歴史」を「わたしたち」が主体となって描き出すことを言う。こうした取り組みを歴史実践と言い、「わたしたち」が主語となる意味で、ドゥーイング・ヒストリー（Doing History）の運動とも言われる。歴史を描くことは、さまざまな歴史実践を行うことによって、現在

公的な歴史 Official History	わたしたちの歴史 Public History
静的 Static	動的 Dynamic
国家的 National	地域的 Local
単声的 Monophonic	多声的 Polyphonic
専門的 Academic	実践的 Practical
教条的 Dogmatic	経験的 Empirical
教科書的 Textbookish	博物館的 Museumish
歴史的過去 Historical Past	実用的過去 Practical Past

を意味あるものとして生き、未来への展望を開くための歴史であるから、単に過去を振り返ることではない。

パブリックの日本語訳は「公共」であるが、公共ということばは、日本では「お上」がやってくれるのを待っているような風潮が色濃くあり、行政的な意味での官製や公的ということばと混同されてしまう。しかし、公共とは本来「わたしたちの」という意味であり、誰にも開かれているオープンな共有を指す。実際には「お上」とは真逆の概念であり、自助共助に支えられた自治に通じている。自発的で民主的なボトムアップの思考が、公共○○学の目指すものである。「主流にあるもの」である公的な歴史と、人生や生活から立ち上がる「わたしたちの歴史」を、いったん次のような二項対立でとらえてみよう。

「主流にあるもの」から、「わたしたちの歴史」を取り戻すにはどうすれば良いか。歴史を描くことは史料を集めたり、読み解いたりする技術が必要であるから、「わたしたちの歴史」を描くにも専門家との協働が不可欠である。また「わたしたち」は多様であるから、いろいろな職業人や出自の違う人々の協働も不可欠である。「わたしたちの歴史」だからと言って、自分たちに都合の良い解釈が許されるというわけではなく、「わたしたち」の範囲を超えない人々が、歴史の主人公となるような視点が求められる。

学問の新しい潮流は、こうした市民の要請に呼応している。研究者には在野性を、一般の人々には歴史や文化の記述への参加を促し、それぞれの立場性にもとづいて、あるいはときには立場性を超えて協働していく学問像である。そして、学問が一方的に歴史や文化を権威づけて与えるのではなく、ともに描き出す歴史や文化が、その社会に共有されることで意味あるものとなるのである。それを「共有する権威（Shared Authority）」と言う。そうして、最終的にその歴史を描く責任は、今を生きる「わたしたち」が引き受けなければならない。

パブリック・ヒストリーには、もうひとつ重要な点として、歴史の専門家がそれまで史料としてあつかわなかったものも、当事者の価値観に寄り添って尊重するということがある。たとえば、語られた証言や思い出話のようなものは個人のおぼつかない記憶にもとづくものとして、また個人の主義主張が混ざっているものとして、歴史を描くための中心的な素材とはなり得なかった。客観性に欠けるからである。ましてや神話や縁起となると、その創作性と物語性から、「彼らはこう考えた」と突き放されてしまう。
民俗学ではそうした口頭伝承の有用性を認めてきたが、そうしたオーラル・ヒストリーを歴史の検討の俎上に載せることは今や珍しくはなくなった。あるいは、地域の昔話、語り継がれた歌や神話、地名の由来など、歴史的な事実としての根拠はなくとも、人々にとっては真実として共有されている伝承も、その人々の視点から描く歴史においては不可欠なものとなる。民具の形状や素材のあつかい、工芸の意匠などに込められた長年の生活の知恵も、物質文化研究を通じて意味あるものと考えることができる。

研究者が地域住民とともに描く地域文化

歴史学においてパブリック・ヒストリーが議論されてきたように、民俗学においてはパブリック・フォークロアが二〇〇〇年以降活発に議論されてきた。パブリック・フォークロアは、生活文化や地域文化の担い手と、文化の専門家である民俗学者や地域博物館の学芸員、在野の研究者や伝統文化のフォロワーなどが協働を通じて、文化創造活動につなげていく応用的な営みである。
パブリック・フォークロアの定義としては、次の一文が引用されてきた。

伝統の担い手と民俗学者、あるいは文化に関する専門家との協働的な取り組みを通じて、コミュニティ内部、あるいはコミュニティを越えて表れる新しい輪郭線と文脈のなかにある民俗伝統

(folk traditions) を表象し応用する

(菅豊「現代アメリカ民俗学の現状と課題—公共民俗学(Public Folklore)を中心に」『日本民俗学』第二六三号、二〇一〇年、一〇〇頁/原典 Robert Baron, Nicholas R. Spitzer eds., *Public Folklore*, Smithsonian Institution Press, Washington, 1992, p1)

パブリック・フォークロアの意義を学界に問いかけてきた菅豊は、日本におけるパブリック・フォークロアの先導役である。みずからも二〇〇四(平成一六)年の新潟県中越地震の被災地に通い詰め、この地域の伝統的な牛の角突きの牛飼いとなって、地域に深く関与し続けている民俗学者である。研究者のまなざしを持ちつつ、文化の担い手の当事者性も帯びていく、時と場合によってポジショナリティが変動していくという独自のフィールドワークのプロセスをみずから描きつつ、「わたしたち」の文化をめぐる多くの問いを広く社会に投げかけた。『「新しい野の学問」の時代へ—知識生産と社会実践をつなぐために』(岩波書店、二〇一三年)は、菅豊自身の全人的なフィールドワークによるオートエスノグラフィであり、パブリック・フォークロアの必読書である。菅豊は、社会と協働する民俗学のこれからを見据え、以下のように宣言した。

アカデミックの外の人びとと協働する実践的な民俗学のあり方を問い直したい。それは、私たちの学問の生命を宿した母胎=「野」に、その学問をもう一度回帰させること、そして、そこで自らが向き合う人びとの身の回りに問題を発見し、それを読み解き、さらにその人びとと自己のために活動することである。言い古された言葉でいうならば、かつて民俗学の原点であった（といわれる）「野の学問」としての意味を、机上ではなく、いまの現実の場面で問い直し、そして、民俗学を「野」に解き放つことである──当然、それは安易な「先祖返り《アタヴィズム》」ではない──。もちろん、その活動は、日本民俗学を「野の学問」から「大学の学問」に「成長」させようと奮闘努力してきた、アカデミック民俗学者を切歯扼腕させるものにちがいない。

（菅豊「民俗学の喜劇──「新しい野の学問」世界に向けて──」『東洋文化』九三号［特集 民俗学の新しい沃野に向けて］二〇一二年、二二〇頁）

ところで、「野の学問」ということばが、取り立てて議論のテーマとなっていったのは二〇〇〇年以降のことである。その理由は二つの側面がある。ひとつは「アカデミック民俗学」の停滞である。そもそも民俗学は、前述のような近代化の過程で生まれた概念や思考法を前提としてきた。たとえば、失われるからこそ研究して保存すべきという「消滅の物語」が、研究対象選定の前提としてある。近代化の過程でこぼれ落ちるものに日本文化の本質を見出そうとする考え（文化の本質主義）から、古い文化を固定的にとらえて礼賛してしまう思考が、長らく支配的であった。古い文化が真正であり、新しい文化は流行にすぎないという先入観は、文化変容のダイナミズムを見逃すことにつながってしまう。

文化はいつも変化の途上にある。文化は一度たりとも完成してホンモノだったことはない。そうだとしたら、残すべき文化とは今の時代から過去を見たときの幻想や理想化にすぎないのではないか。「消滅の物語」に支えられ、近代という時代の手垢にまみれたフォークロアということばは早く捨ててしまおうという議論も声高であるが、わたしは、「わたしたち」の偏見や先入観を支えているものを相対化するために、あえてそれを研究対象として見つめ直すことが不可欠だと考えてきた。それを乗り越えていくところに、誰にとっても身近な生活の歴史や地域文化を学ぶ民俗学の意義がある。

行政対市民・研究対実践といった「誤りの二元論」

民俗学の「野の学問」としての性格が再認識されるもうひとつの契機は、前述の学問の公共性、とりわけ人文・社会科学をめぐる公共性の議論からであった。「わたしたち」の生活や歴史、社会に深く関わる学問において、さまざまな市民との連携によって、前述の公共歴史学、公共社会学、公共考古学など、公共○○学の議論が勃興したのである。どの分野においても、専門家には専門家としての役割があり、地域住民や当事者には彼らの声があり、それぞれの立場性から、社会課題を「わたしたち」の生活と地続きなものとして引き受けるための努力が求められる。

人文学や社会科学と呼ばれる文系の学問においても、今や「学問の公共性」が重要なキーワードとなる。この公共性とは「みんなのためにある」こと、そして「みんなのなかにある」こと、と言い換えられる。学問の公共性という議論は、一九九〇年代以降さまざまな分野で論じられてきた。理系の学問においては、サイエンス・コミュニケーションといって、専門的な知識を一般市民にわかりやすく伝える展示やワークショップが盛んとなり、サイエンスカフェなど市民が科学に親しめる機会が増えている。また市民と研究者がともに標本収集や観察会、モニタリングなどを行い、地域課題の解決を目指すという取り組みもある。

ところで、学問を基礎研究と応用研究に分離する思考について、アメリカの民俗学者バーバラ・カーシェンブラット＝ギンブレットは「誤りの二元論」として批判した。アカデミックな研究は社会と深く関与しながら推進されるべきであり、両者は常に入り組んでいるものである。それゆえ、行政と連携しつつ「わたしたち」の側に立ったつもりの民俗学者の活動が、結果的に文化行政を擁護してしまい、本当の意味での市民の主体性を損ねることすらあるといったパラドックスに陥ることもある。

アメリカ合衆国におけるパブリック・フォークロアは、文化芸術、歴史、文化遺産に関する審議会や、博物館、図書館、アーカイヴ、民俗文化振興のための非営利組織を舞台に、民俗学の知見を応用する民俗学として定着してきた。政策や行政とも結びついた公的部門の民俗学、パブリック・セクター・フォークロアの性格が強く、フィールドワークや映像による記録、展覧会、パフォーマンスや民俗芸術による工芸のイベント、番組制作や出版などの、企画や教育コンテンツ制作で、プロフェッショナル、ノンプロフェッショナルを問わず民俗学者が活躍している。日本よりもはるかに国民の文化的多様性に富むアメリカ合衆国ならではの動向と言える。

© おおやまなつね

パブリック・フォークロアの実践

民俗学をパブリックな視点から学ぶことの意義は、他者の価値を認める文化的多様性（cultural diversity）の精神、みずからの価値を問い直す内省的（reflexivity）な視点、各々のスキル（職業、趣味など）を表現手段として社会とつながる実践性（practicality）を得ることにある。民俗学の目的は、まずは庶民生活の歴史的展開を明らかにすることにあるが、それを学ぶ人にとっての目的は、上記の三点にある。専門家のみならず多様な市民が、それぞれの立場の視点から、社会の制度や秩序に支えられた「主流にあるもの」と、個別な生活の文脈に生じる「ヴァナキュラーなもの」の両方を考えつつ、創造的な営みを生み出すことを目指すのである。

パブリック・フォークロアは、民俗学者の社会的役割とフィールドワーク観の再考を促した。地域社会で調査をし、取材を重ねる過程では、地域住民の多大な協力を得るものであるが、その地域の暮らしの歴史をまとめる作業や、どんなトピックや切り口でその地域を特徴づけるかに、地域住民が参加することは稀であった。もちろん、成果報告会や調査報告書の配布などのかたちで還元するのだが、地域住民が地域課題の検討などにそれをどう使うかには関知しないという立場をとる場合が多い。とはいえ、実際には何か大きな出来事があったときに、民俗学者は助言を求められることはあるし、頼まれごとをすることもあり、お世話になった地域からの要望であれば協力を惜しむ民俗学者はほとんどいない。

パブリック・フォークロアは、調査の過程から地域社会に関与して、ともに何かの活動を行うことを厭わない。むしろその過程で人々が地域課題に対してどう向き合うかを知り、その傾向などから地域らしさが見えてくることもある。調査研究と活用、応用を一体化させるフィールドワークを前提とするのがパブリック・フォークロアの立場であり、民俗学者は常に自分自身のフィールドでの立場性を考え続けていくことになる。

調査することで地域社会や文化の伝承のあり方を変更してしまうこと、また調査されることで地域が不利益を被ること（たとえば、差別の事実があからさまになり、かえって差別が助長されてしまうなど）を「調査地被害」と呼ぶ。しかし、黒子のようにひっそりと生活をのぞかせてもらい、地域住民のいないところで記述して発表するような態度は、現代にそぐわない研究者と地域住民との関係なのではないか。もちろんあえて状況をかき回すようなことは慎むべきだが、より関与を前提とした上で、ともに考えていこうという問題意識から、研究と調査のプロセスを再考しようというのがパブリック・フォークロアなのである。

一方、これは研究者だけに閉じた議論ではない。パブリック・フォークロアは、地域住民が研究者も交えて、何かの地域課題にもとづいて調べものをしたり、検討したりするプラットフォームとして使っていくことができる。研究者でない一般の市民が、地域において活動する際に、どのような学びの特徴があるであろうか。パブリック・フォークロアを、研究者側からではなく、市民の学びの観点で考えてみよう。

まちづくりなど地域文化の掘り起こしとその活性化をイメージするとわかりやすいが、そうした活動は学校での学びとは異なるから、前述のノンフォーマルな学びと、インフォーマルな学びが参考になろう。公教育以外の教育という意味でのノンフォーマルな教育の特徴について参考になるのが、エドウィン・ハミルトンの『成人教育は社会を変える』である。ハミルトンはノンフォーマルな学びの特徴として次の六点を重視している。

（1）概念的には学習者中心であり、
（2）地域資源（resource）を使い、
（3）地域社会志向の内容を有し、
（4）ファシリテーターと学習者との間に対等な関係があり、
（5）体系的ということよりもむしろ現時点での課題を大切にし、
（6）また多くの年齢層を包括している
（エドウィン・ハミルトン『成人教育は社会を変える』田中雅文ほか訳、玉川大学出版部、二〇〇三年、六四頁）

地域課題は、住民の生活や地域コミュニティの現状から生じるから、（1）（5）のようにあらかじめ想定された設問を解くような学びにはならず、住民の問題意識が軸となる。そのためには、身近な生活文化や地域文化を活かすために（2）（3）の通り、生活にあるものを地域資源、文化資源として評価し、その意味を検討することになる。（4）は外部者の関与、あるいは地域のキーパーソンの存在を想定する。そして何より、（6）のように子どもから若者、親世代から高齢者まで、また性別や職業を問わず、むしろその多様性を活かしながら、公共的な議論の空間を生み出すことが求められる。

地域づくりのボトムアップな活動へ

役所などの行政では、地域課題ごとに○○課と部署が分かれており、関わる人も限定的である。一方、地域課題を軸に集まる人のメンバーシップは、当事者や関係者、協力者など、その構成がその都度変わる。その都度変わるメンバーで事にあたることを、アドホックなチームづくりと呼ぶ。ハミルトンの前書では、そうした動きには二つの志向性があると指摘されている。

ひとつは、「プロセス重視」である。地域課題に向き合うプロセスは、少数の住民が問題意識を抱き、議論につながる関係を広げたり、場を生み出したりすることで始まる。それは声の大きい人、アイデアを持っている人、勝手に何かし始めた人など、状況によってさまざまだが、こうしたキーパーソンから次第に課題が共有されていき、ともに議論したり行動したりする輪が広がっていく。また生活者の輪の外から問いを投げかけたり、埋もれた地域資源を掘り起こして共有したり、また活動を展開するなかでそれに参画してもらったりすることで、プロセスが動いていくことがある。これは研究者や学芸員、社会教育主事、公民館主事などが果たし得る役割であり、本書はまさにそうした人材になっていく人に向けて書かれている。

もうひとつは、「課題重視」である。中央集権化されたトップダウン方式では、地域住民の企画力や発想力、実地でのマネージメント能力が向上しない。その土地特有の経験と知識とを融合させるためには、地域社会の生活における文脈から立ち上げるボトムアップ方式に関与していく必要がある。生活者にとってあたりまえなことのなかに、多くの地域課題があるため、外部からのまなざしを持った関与者が重要である。フィールドワークでどれだけ地域に溶け込んだとしても、フィールドワークであるからには常に外部からのまなざしを持ち続けることが大切である。

パブリック・フォークロアを地域社会の側から見たときに、そこに中心的に協働するコラボ相手や、ひと肌脱いで一部分に協力してくれる参画者、参加しないオブザーバー（居合わせるだけだが興味は持ってくれる人）など、さまざまな関与の度合いがあるが、すべての人にとって、総じてソーシャル・ラーニングの場が生まれることが望ましい。地域でのソーシャル・ラーニングは、地域社会での何かしらの活動に関わることで、地域住民が自分の役割を得たり認識したりして、そこから少なくとも自分たちの地域社会に対してそれまでよりも少し意識的になっていくことが、活動の継続につながる。

生涯学習の観点から、また博物館活動における学芸員の役割の観点からは、地域のさまざまな人々が参加する活動を、どのようにコーディネートできるかが課題である。活動そのものが結果としてソーシャル・ラーニングの場となり、研究者や専門家もそこで学び、地域住民も地域理解を深めるだけでなく、ときには教える側ともなりながら、コラボレーションを深めていくことが重要である。

課題 1：わたしの「人文道」—人生の一作品で自己紹介—

●わたしの「人生の一作品」をひとつ挙げてみてください（書籍、映画、美術作品、楽曲、演目など何でも良いです）。

作者名と作品名：

●その作品を、「人文道の分類表」のいずれかの分類に位置づけてください（本書 44 頁）。

大分類【　　　】　　　　　中分類　*

● 200～300 文字程度でその作品が自分にとって、どういう作品として人生の一作品となったかを書いてみてください。ワークショップの場合は読み上げてプレゼンテーションしましょう。

●他の人の紹介作品のうち、興味を持った作品をメモしておきましょう。

II　パブリック・フォークロア実践

文化財レスキュー

Keywords：民具の第一・第二の危機、震災復興、安定化処理

民具と現代を生きるわたしたち

人間が生活の必要から生み出した道具や器物を、民具と呼ぶ。民具の造形的な意義は、「デザイナーなしのデザイン」の一言に尽きる。身近な素材への理解、アイデアをカタチにする創造性、それを使いこなすコツや熟練につながる暗黙知、目に見えない精霊や神仏に対する想像力、人形や玩具に込められたユーモアやアイロニー。民具は、人々の知恵や工夫の集積から結実する造形であり、そのアノニマス（無名性）な造形は、結果として理にかなっている。

幸福のイメージがとらえづらくなっている現代社会において、身の丈に合ったもの、身の回りの人々、何気ない日常、自文化の問い直し、人生の記憶といった、一見、取るに足らないありふれたものが、

わたしたちにとって切実な問いを含んでいる。グローバル化が生活の隅々まで浸透し、大きなイデオロギーが解体され、自然環境への人間活動の影響が決定的なものとなっている現代において、生活を取り巻くものに価値を置くことの意味を、多くの美術家やデザイナー、ものづくりにあたる人々が直感的に見出している。

民具はありふれた存在であるから、ふだんはそれが興味深いとか、残さなければならないとかいった、特別なまなざしを向けられることはない。しかしそれに意味が見出されるとき、その背景には時代の変化への反動としてあらわれる危機感がある。

民具というものの存在意義を広く知らしめたのは、民俗学者・宮本常一の『民具学の提唱』（未來社、一九七九年）であった。しかし、実際に各地域でその収集を呼びかけたのは、郷土史家、公民館長、学校教員など地域文化に関心の高い在野の知性であった。それに賛同した市民が、民具収集や調査、整理作業に参加したのであった。

民具を寄贈することも、その調査に参加することも、ある種の社会参加であり「みんなの役に立つならば」という公共心がそれを支えていたのである。民具は、過去の生活が忘却されてしまうことへの抵抗から出発しており、その意味ではひとつの「文化財レスキュー」でもあった。民具コレクションは、民具存亡の「第一の危機」へのリアクションとして、全国的な民具収集に発展していったのであった。

平成時代に入ると収集熱の季節は収束し、それとともに膨大に集積した民具の収蔵スペースや整理作業や管理の課題が、地域博物館に重くのしかかるようになった。「平成の大合併」のときも、地域博物館が老朽化して存続問題が議論されるときも、そして現在の文化行政への予算縮減の困難な時代も、常に安易な廃棄・処分が検討されるのである。日本民具学会会長の神野善治（武蔵野美術大学名誉教授）は、この博物館に収集された資料の廃棄を民具存亡の「第二の危機」と呼ぶ。

民具収集を振り返ってみると、それは地域文化を研究する専門家による学術研究のみならず、市民の自発的な運動に根ざしたシチズン・サイエンス（市民科学）としてのアマチュアリズムに立脚している。そこには学術資料として価値あるものと、雑多な生活の痕跡や記憶としか見られないものが、渾然一体となっている。

ミセレイニアスなコレクションの意義

生活のあらゆる要素に目を向けるとき、アカデミックな研究に資する選ばれたテーマだけでは、生活の全体像を描き出したり、地域文化や地域史全体を検証することはできない。どの分類からも、研究のトレンドからも漏れ落ちるようなもの、少しずつかたちの異なるバリエーションを示すもの、そんな雑多な生活資料の集積がなければ、日本の地域文化や庶民生活はここまで明らかにならなかった。

特定の階層の典型的な資料だけを保存しようとすると、生活の広がりや、地域差、時代特有の階層差や格差を見すごしてしまう。ミセレイニアス（種々雑多）への寛容さは、そこに含まれる多様性の包摂へと通じている。学芸員はそれを体系的に分類しながら、その地域における保存の意義を一点一

© おおやまなつね

点に付与しつつ、日々これと向き合ってきた。

わたしは、東日本大震災の被災地における文化財レスキュー活動において、民具の使用法を再調査するために、応急処置を終えた民具を展示して聞書きをする活動を行ってきた。そこで語られるのは単なる使用法の説明ではなく、それを使っていた身近な誰かのエピソードであった。あるいは、民具から喚起された自分自身の思い出を自分語りのように語る人も多かった。生活に身近な民具は、誰かの記憶を呼び起こし、人と人をつないだり、過去の自分と対話したりするメディア性があることに、わたしは気づかされた。

こうした展示においては、研究上重要な資料よりも、人々のパーソナルな記憶や、地域に生きた人々の多様性を色濃く包含するミセレイニアスな収集品のほうが、人々の共感へとつながる。ありふれた台所用具、遊び古された玩具、繕いの跡が見られる衣服や布団、手足の延長にある農具。そうしたものには、客観的な研究のまなざしだけでなく、そこにこころを寄せるナイーブな感性が発動される余地があるからである。

民具の潜在的な多面的な機能を発揮させるためには、民具の魅力を発信する学芸員や民俗学者といった専門家の側にも意識改革が求められる。民俗資料を純粋に「民俗学の研究資料」として見るだけでなく、柔軟な発想でその価値を促進したり拡張したりする応用も、重要な研究課題として位置づけていくべきであろう。その舞台の最前線となるのが地域博物館である。アカデミックな研究と、アマチュアリズムが発揮される市民活動が交錯する、パブリックな知の営みを構築するミュージアムの存在意義が、今問われているのである。

本章では、災害によって被災した民俗資料としての民具が、文化財レスキューから復興まちづくりに関与するキュレーション活動において、どのような役割を発揮したか、そして民具が人々の語りによって意味づけられていったかを、わたしの実体験をもとに紹介する。ミュージアムやコレクションの被災は、自然災害の頻発する現代におけるもうひとつの「第二の危機」であるが、災害における非常時の対応にとどまらない多くのことを考えさせられる契機であった。それを共有しながら、関わりのなかで市民とともに地域理解にいたるパブリック・フォークロアの意義についても考えたい。

東日本大震災とレスキューされた地域資料

東日本大震災、二〇一一（平成二三）年三月一一日から現在にいたるまで、被災地は動き続けてきた。震災一年目のあの困難な毎日。行く先の見えないなかで、復興への思いだけが先走っていた二年目。更地と工事現場の風景が日常化していった三年目。嵩上げ工事が進むなか、復興後の地域社会のイメージを持てずにいた四年目。復興公営住宅が林立し、ハード面での復興を実感し始めた五年目。復興の進度に地域格差が顕著になり、暮らしの再建の着地点が見出せない六年目。災害復旧の行政が終了し始め、しかし地域経済の自立にはいたらず不安が募る七年目。第一次産業の停滞や人口流出など被災前からの根深い課題が顕在化してきた八年目。常設の商店街や震災記念館等が賑わい創出の拠点となりながら、震災当初からひと世代交代した実感を強くした九年目。新型コロナウイルス感染症という新たな困難から先行きに不安を抱える一〇年目。コロナ禍の収束とミュージアムの開館など地域の歴史・文化振興の新たな局面に入った一一年目、コロナ禍からの再生のために再び地域文化に注目が高まる一二年目。眼前の課題解決よりも地域の魅力再発見や、文化的なポテンシャルを底上げする地道な活動の必要性が、切実に実感されている現在地…。

東日本大震災で、宮城県石巻市の牡鹿半島の先端にある鮎川浜は、地震と津波によって港湾と町の大部分が壊滅する被害を受けた。ここは、震源地から直線距離で最も近い場所のひとつであるから、津波の勢いそのままに町は飲まれてしまったのである。鮎川浜は平成の大合併で石巻市の一地区となったが、もともと旧牡鹿町として半島文化の独自性を持っていた。その旧牡鹿町で長年にわたって蓄積されてきた歴史・文化の資料は、旧牡鹿公民館と、クジラ博物館であるおしかホエールランドに収蔵されていた。震災後に文化財レスキュー活動の対象となったこれらの施設からは、民俗資料・考古資料・捕鯨関係資料および鯨類の生物標本、町誌編纂資料と古文書等が救援され、応急処置と盗難防止のため、仙台市の東北学院大学博物館や東北福祉大学芹沢銈介美術工芸館、東京・上野の国立科学博物館ほか複数の一時保管施設に預けられた。

津波で被災した牡鹿半島・鮎川浜

現在は安定化処理を終え、石巻市教育委員会の収蔵施設に保管されているコレクションは、東北学院大学文学部歴史学科学生たち（当時の加藤幸治ゼミナール）と首都圏や北海道等からの学生ボランティアによって、応急処置と整理作業が行われてきた。文化財レスキュー後の膨大な作業量の応急処置は、文化財等の物理的な保存のための作業であるが、視点を変えてこれを博物館学芸員の仕事としてみれば、それはいわゆる悉皆調査（全点調査と台帳・目録作成）の形式である。津波の被災では、海水で水損した資料から関心のあるものだけを選ぶのではなく、片っぱしからすべてを回収し、一つひとつ処置と調査をすることになるからである。それゆえ、文化財レスキューとその後の作業を通じて、結果的に作業に携わったわたしと学生たちの牡鹿半島の歴史・文化への理解は格段に深まっていったのである。

東日本大震災で行われた文化財レスキュー活動では、指定文化財だけでなく、地域の古文書や考古・民俗資料、写真資料や図面などの二次資料、動植物や昆虫、化石などの自然史標本、行政の現用文書、図書館の図書資料など、文化的な資源と見なされるものすべてが対象となった。その結果、救援の対象となる資料数は膨大な数に膨れ上がった。加えて個人宅に所蔵されている古文書等を対象とする歴史資料ネットワークによる保全活動や、自然史系博物館や美術館の全国的な連携による標本修復作業、応急処置作業への市民や学生ボランティアの動員が、地域の文化資源の復旧に重要な役割を果たしたことは特筆すべきであった。

ここでは当時わたしが担当した、東北学院大学博物館における文化財レスキュー活動の作業を紹介しながら、文化財のプロフェッショナルではない大学生が、専門家の指導を受けながらどのように保全作業を展開していったかについて紹介したい。こうした作業はあまり社会的に知られることのない裏方仕事であるが、それを通して、専門家に委ねるべき仕事と、市民が参画し得る仕事が、どのように組み合わせられるかのイメージを持ってもらえるであろう。

現地でのレスキュー作業からクリーニングまで

宮城県における東日本大震災の文化財レスキュー活動は、東京文化財研究所に本部が置かれた被災文化財等救援委員会の枠組みで進められ、国の機関や学会、博物館関連団体など、救援委員会の構成団体から、多くの文化財の専門家が現地本部（仙台市博物館）に集まり、そこから毎日各地の現場へとレスキュー隊が派遣された。被災地での活動は、行政、消防、警察などと連携しながら、被災前の文化財などの所在情報をもとに被災した博物館、収蔵庫、公民館、学校等の建物に立ち入り、状況確認のあとに一時保管施設へと移送するものである。

この枠組みのなか、東北学院大学博物館では被災文化財等救援委員会からの指示によって、石巻市鮎川収蔵庫に保管されていた

石巻市鮎川収蔵庫での文化財レスキュー

旧牡鹿町収集の考古・民俗資料を一時保管することとなった。現地でのレスキュー活動は、八・六メートルの津波で屋根まで水没して壊滅した収蔵庫に、専門家で構成するレスキュー隊が入り、瓦礫と文化財をより分けながら、隣接した牡鹿体育館に資料を仮保管した。大学博物館へは、二週間に一度、合計八回にわたり、四トントラックの美術品専用車で被災資料を運び、そこから学生たちによる保全作業が開始された。

東北学院大学博物館で応急処置を行うこととなった資料は、考古資料テンバコ六〇杯、民俗資料の約四〇〇〇点（破片を含む）であり、すべて海水による水損を被り、ほぼすべての資料が破損あるいはバラバラの破片状態であった。これらの資料の保全作業の技術指導は国立民族学博物館の日高真吾氏が行い、現場の作業コーディネートを学芸員としてわたしが担当、現場監督的な役割を歴史学や民俗学を学ぶ大学院生が担い、そこに多くの大学生や、中高生ボランティアが保全作業を行ったのである。

大学構内での民俗資料のドライクリーニング

被災資料は、まず屋外のテントに収納し、風通しを良くして乾燥させた。そして、表面が乾燥したものから豚毛ブラシを用いて水を使わないドライクリーニングを行い、一つひとつ泥を落としていった。一度クリーニングした資料は収蔵室に保管し、カビが発生したらエタノール噴霧で殺カビ処理を行い、カビが発生しなくなったら、二回目のドライクリーニングを行った。すべての資料のドライクリーニング作業には二年間を要した。毎日の作業は「文化財レスキュー日誌」に記録して共有することでヒューマン・エラーを減らすことができたのであった。

前述のように石巻市鮎川収蔵庫から運ばれた民俗資料は約四〇〇〇点におよんだが、それらはすべて破損しており、破片だけになったものも数多く存在した。それら一つひとつが、いつ、誰が、何の作業を、どのように行い、どこに収蔵したかを把握することが必要であった。しかし、作業者のほとんどは学生であり、他大学からも多くのボランティアが参加していたため、資料のあつかいの判断をひとつに集中させる必要があった。

そこで独自に作成したのが、「文化財レスキューカルテ」である。被災文化財のクリーニングにあたり、まず被災文化財の状態の把握と必要な処置の内容を、学芸員であるわたしが判断する。文化財レスキューカルテは、素材の項目と、状態の項目を結ぶ書式であり、「紙—破れ」「鉄—サビ」「漆—剥離」「藁—カビ」といった具合に診断を下す。そして作業内容を「水は使わず豚毛ブラシで泥だけ落とす」とか、「水洗して良く乾かし、サビ取り」「エタノールで殺カビし、経過観察」などと指示し、それを大学院生が記述

民具の状態診断と文化財レスキューカルテの記載

する。作業の指示が記載されたカルテをもとに、実際の資料をクリーニングするのは学生やボランティアである。その処置が終わったら、大学院生がそれを確認し、資料をどこに収蔵したかを「文化財レスキューカルテ」に記載する。こうして、一度に四〇人ほどの学生たちがクリーニングを行いながら、資料の状況を把握する体制を作った。

また、考古資料は水洗いして乾燥させる応急処置に加え、いくつかの土器を接合して経過観察とした。

プロと学生のコラボ―脱塩作業と二酸化炭素殺虫処理―

石巻市鮎川収蔵庫は、津波の直接の被害を受けたため、すべての資料が海水につかった上、現地で救援されるまで二か月以上も海水を含んだ土にまみれた状態にあった。この塩の影響が如実にあらわれるのが鉄製品であり、塩の影響で著しくサビが進行していた多くの民俗資料の脱塩処理も、学生たちが作業を担うことになった。

民具の脱塩処理は、ふつうは大学生のような素人が行う作業ではなく、水漬け後にどこまで塩を抜いて、どの段階で引き上げるかの見極めは、専門家にしか判断することができない。そこで、民具を水漬けしたあと、定期的に国立民族学博物館に脱塩水槽の水サンプルを郵送し、イオンクロマトグラフィで塩分濃度等を検知してもらい、水交換や経過観察、乾燥など、必要な作業の指示をEメールで受け取る体制で作業を進めることにした。

具体的には、まずサビが進行した資料をテンバコに入れて水道水をそそぎ、その水道水とテンバコ内の水サンプルを郵送、一週間後にテンバコ内の水サンプルを再度採取し郵送、その検知結果と指示があると、学生たちは水替えをしたり経過観察したりしながら、サンプルを送り続ける。最終的に20ppmの濃度を目途に「引き上げ」の指示が来ると、乾燥させてブラシでサビ取りし、国立民族学博物館が選定した精製オリーブオイルを塗布して防錆《ぼうせい》処理をする。

また、脱塩処理とともに殺虫処理の作業も学生の手で行ってきた。石巻市鮎川収蔵庫の資料は、二年目の夏になると多くの木製品から害虫が発生した。深刻な資料は大学博物館の燻蒸作業の折に薬剤を用いた殺虫処理を実施したが、目に見えて虫害に見舞われていない資料については、特殊な免許が不要な二酸化炭素殺虫処理を学生が習得して行うことになった。これは特殊な袋のなかに資料を入れて、袋に炭酸ガスを充満させて二週間程度そのままにし、排気すると資料のなかの虫が枯死するというものである。被災ミュージアム再興事業の補助金を用いて二酸化炭素殺虫処理用具を整備し、大学の講義棟の地下室に設置、作業に先立って学生たちは専門業者から三度の講習と実習を受けた。作業中は常に作業環境の二酸化炭素濃度を計測し続け、ガス漏れに備え、ガス充てん後も毎日周囲の空気を検査する必要があり、学生たちは授業の合間などに交代制でこうした作業に従事した。また圧縮ボンベを使用してガスを充てんする際は、必ず大学博物館学芸員である筆者が作業手順の点検を行った。

こうした地道な作業を繰り返し、震災五年目までに最低限必要なさまざまな処理（安定化処理）を終えることができた。

見えてきたコレクション―復元作業と目録台帳整備―

石巻市鮎川収蔵庫の被災資料の困難さは、破損状況がひどいことにあった。そのため作業の当初に、バラバラの部材を、それぞれ個別のものとしてドライクリーニング、脱塩処理、殺虫殺カビ処理、防錆などを行い、安定化が図られたのちに部材を集めて修復するという方針を立てた。カビや虫害の再発が収束し、脱塩処理によってサビ対策に一定の目途が立ってきた震災四年目は、学生たちもこれとあれが同一の民具の部材ではないかとパズルをするようになった。

とはいえ、同じように見えるバラバラの民具の破片からもとのすがたを想像し、それらをつなぐ作業は学生には困難である。しかし、筆者を含め、民具研究の心得のある学芸員は、ひとつの棒きれを見て何の民具の部材かをある程度推測することができる。そこで企画したのが「はたらく棒」プロジェクトである。これは民具研究者の宮本八惠子氏とともに企画したもので、石巻市鮎川収蔵庫資料を修復し、もとのコレクションのすがたへと戻していく作業であった。「はたらく棒」ということばは、今は被災して単なる棒きれに見えても、もともとは生活のなかで人間とともに〝働いていた〟棒だということからつけたタイトルである。

具体的には、破片を広い教室に並べ、そこに招いた何人かの民具研究の専門家の指示を受けながら、学生たちがパズルのように民具に組み上げていくというものであり、この作業によって高機や糸繰り具、桶類をはじめとする約一五〇点の民具が組み上がった。また、組み上げてもとのすがたを取り戻した民具同士の関係も見えてきた。もとは個別の工具として管理していたものが、集めてみると船大工用具一式を形成していたこともわかった。機織りに用いる高機や、大型の糸繰り器も組み上がり、養蚕、製糸から機織りまで手広く営んだ農家からの収集コレクションの存在も見えてきた。学生たちは、次々に組み上げる研究者や学芸員の知識に驚くとともに、コレクションのすがたが見えてきたことから地域研究の課題を見出すきっかけともなった。

震災直後から行ってきた、石巻市鮎川収蔵庫の資料の保全作業も、震災五年目には佳境に入ってきた。ものの保全作業の終了と同時に始めることができたのが、コレクションを管理するための台帳・目録の作成であり、ようやくふつうの博物館学芸員が資料管理をする台帳を作成する段階までたどり着いたのである。新たに作成した民俗資料台帳には、ＩＤ番号と一般名称、地方名称、素材、寸法、使用法を記し、破片の状態の資料を文化財レスキューカルテで管理していた段階のカルテ番号も記して、その資料の保全作業の履歴もさかのぼって追跡することができるようにした。

津波で壊滅した石巻市鮎川収蔵庫資料から文化財レスキューされたコレクションは、回収時は四〇〇〇点余りの破片の状態であったが、その後五年間にわたる応急処置と整理作業を経て、八〇〇点の民具に組み上がり、石巻市教育委員会の収蔵庫に返却された。資料台帳等のバックデータが流失したため被災前のコレクションの全体像はつかめなかったが、整理作業により、被災前のコレクションの内容は、衣食住に関わる日常生活用具、捕鯨関係用具、漁業と水産加工関係用具、畑作を中心とした農具と養蚕等の副業関係用具、金華山信仰関係用具とバランスよく収集されていたことがわかり、牡鹿半島の半分と離島を含む石巻市合併前の旧牡鹿町（現在の石巻市牡鹿地区）の民俗を知る上で貴重な資料として再認識された。

二〇一六（平成二八）年二月上旬、わたしたちは石巻市鮎川収蔵庫資料のすべての保全作業を終えて石巻市教育委員会の収蔵庫に台帳を添えて返却し、コレクションは震災から一〇年を経た二〇二一（令和三）年に開館した石巻市博物館で活用されるまで経過観察が続けられたのであった。

文化財レスキューから復興キュレーションへ

絵画や彫刻、漆器、染織品など、美術品や美術工芸品が被災した場合、その修復は文化財保存科学の専門家や修復家の手に委ねられる。しかし、考古資料や民俗資料、古文書など、少し訓練を積めば学生のような文化財の素人でも作業に携わることができ、かつ量が多い資料には、市民や学生が主体的に携わる余地がある。今後の大規模災害においても、こうした博物館で大切に守られ、地域研究に活用されてきた基礎資料（大半が未指定文化財）のレスキューは、東日本大震災と同様に展開されるであろう。

こうした資料のあつかいにおいては、復旧作業の全体計画の立案や、作業の指示、脱塩処理などの資料の状態の見極め、専門機器の講習、復元にあたっての資料の評価や解釈等に専門家の知識が必要であった。一方、ルーティーン作業は大学生でも確実に技術を身につけていくものである。重要なのは作業をみずからの仕事としていく参加の意識であり、また、文化財の行政担当者や研究者、博物館関連企業の技術者など、文化財の職業人との協業は大いに刺激を与えるものであった。一人ひとりがアマチュアでありながら資料に責任を負っているという意識を抱いて作業にあたれば、四〇〇〇点の破片となったひとつの収蔵庫の資料を学生の手で復旧することも可能なのである。平素からの博物館への市民参画はもちろんのこと、文化財防災においてもさまざまな協働が育まれることによって、地域文化を示す博物館資料を一般の人々も関与しながら次の時代に継承される強固な土台となることが、今後も期待されるのである。

石巻市鮎川収蔵庫の資料群は、戦前からの地域の博物館史、民俗研究史の展開のなかで形成され、公民館活動と学校教育において活用され、町史編纂委員や郷土史家、公民館長などの一部の地域の知識人の信念によって廃棄されずに保管されてきた。そこに二〇一一(平成二三)年三月一一日の大津波が押し寄せ、収蔵庫ごと破壊され、さらに二か月以上もその場に置かれ続け、全国から集まった文化財の専門家や学芸員らによる救援チームによって文化財レスキューされた。そして、大学生やボランティアによって五年がかりで応急処置を施された資料群である。それがこのコレクションが経験してきたことであるが、そこに立脚した上で、文化財レスキュー活動は物質的な保全活動から、新たな意味の創出に向けた活動へとシフトしていった。次章で紹介するその一連の試みが「復興キュレーション」である。

誰もがレスポンダー

Keywords：ライフ、語りのオーナーシップ、レスポンダー、復興キュレーション

「ライフ」への視点

わたしは、二〇一一（平成二三）年三月一一日の東日本大震災で被災した博物館資料の文化財レスキューをきっかけとして、宮城県石巻市の牡鹿半島の復興まちづくりへと関与することになり、現在にいたるまでその活動は続いている。地域住民が自分たちの地域文化を参照できる民俗誌を著すのは、民俗学者の重要な使命である。震災から一〇年の年に、『津波とクジラとペンギンと—東日本大震災10年、牡鹿半島・鮎川の地域文化』（社会評論社、二〇二一年）として、牡鹿半島の文化の歴史的展開を描いた民俗誌を刊行したのは、その責任を全うしたいとの思いからであった。

それに先立ち、震災から六年ほどが経過したときに、わたしはいくつかの企画でともに仕事をして

きた編集者に、震災一〇年には必ず民俗誌を刊行したいという目標を告げた。しかし、当時は復興まちづくりに関与する活動が現在進行形で動き続けていたので、描くべき民俗誌の実像は描けなかった。フィールドワークするわたしの問題意識が、あまりにも揺れ動いていたからである。ところが、編集者とは面白い職業で、そんな最前線の現場で右往左往するわたし自身を本にしようと考えたのであろう、民俗誌を思い描きながらフィールドワークの途上にある活動のドキュメンテーションとして、宮城県・牡鹿半島での活動の中間報告をまとめようという提案を逆にもらったのである。そうして刊行されたのが『復興キュレーション—語りのオーナーシップで作り伝える〝くじらまち〟』（社会評論社、二〇一七年）であった。本書は、「被災地」とレッテルを貼られた地域社会を、そこに関わるわたしを含めて見つめる視点、すなわちオートエスノグラフィを意識して書き下ろした本であった。

「復興キュレーション」は、わたしの造語である。端的に言えば、被災地で応急処置して復旧した博物館コレクションを用いた文化創造活動を指す。地域の文化資源の復旧、それを活用した復興まちづくりへの関与、展示やワークショップと、生活文化や地域文化を調査するフィールドワークとを融合させた活動が「復興キュレーション」である。これは「被災地」に文化の面で外部から関与するパブリック・フォークロアの実践であると同時に、今から振り返ると「被災者」のひとりとして、わたしが自分自身を取り戻していくための実践でもあった。

この実践で、わたしが活動の軸としていたものが「語りのオーナーシップ」であった。オーナーシップとは、直訳すれば所有権という意味であるが、むしろここでは当事者意識、あるいは主体性という表現がしっくりくる。近年、開発途上国の国際援助や紛争地域の平和構築において、「ローカル・オーナーシップ」が重視されている。それは、援助する側がもともとその土地の人々が持っている生活文化や地域文化を無視して、一方的に近代化を推し進めようとしてきたことへの反省に立った新しい援助の姿勢である。現地の人々が主体的に考えたことに外部から援助するという考え方、すなわち「ローカル・オーナーシップ」を中心に据えることで、活動の持続可能性、住民参加の促進、地域社会の発展への潜在力の発見が期待されるのである。

聞書きにおける語りとは「誰のもの」か。わたしは東日本大震災の被災地での活動において、コミュニティの全体性よりも一人ひとりの暮らしの風景が見えてくる「ライフ」にこだわった。民俗学ではふつう、語ってもらった個人のエピソードを別のデータや史料によって検証し、最終的には「この地域ではこうであった」「昔からこの地域ではこうしてきた」と置き換える。データの客観性を担保しつつ、他地域との比較可能性を重視するため、また個人のプライバシーを保護するため、データの分析を経てこうした記述にいたるのである。

一方、東北地方の太平洋岸のリアス海岸である三陸では、一人ひとりの人生経験の多様さが豊富で、それゆえ誰かひとりの語りから地域像を描くことがそもそも難しい。また「語りのオーナーシップ」の視点を重視するとき、重要なのはコミュニティ全体としてどうかよりは、「ライフ」、つまり一人ひとりの人生の営みや、生活の実感に対する真摯なまなざしを大切にしたいと考えた。そこを起点に、人々の語りが持つ役割や、土地に居住し続けることの意味、回復、再生、記憶とは何かについて問い直したいと考えたのである。「語りのオーナーシップ」の重視は、学術論文や専門的な民俗調査報告書とは相性が悪い。一方、展示やワークショップなどによる現場では、人と人が対話するライブ感のある場を生み出す。『復興キュレーション』ではその活動と、わたしの感情や思考のドキュメントとして、わたし自身の葛藤を臆面もなく記述することにした。

「被災地」での研究は、社会貢献の一環として無条件に褒められてしまうようなところがあり、その実、そこでの研究者の葛藤などは個人的なこととされがちである。実際、何人かの民俗学の研究者からは「こんな感情むき出しのものを書くべきでない」といった批判も受けた。民俗学者の多くはフィールドと向き合いつつ、再帰的に自分自身の「常識」を問い直すような全人的な葛藤を常に抱えている。そうしたものは慮外として、客観的に地域の生活を記述するのが学問的な作法である。そのため、フィールドワークの過程を現地の人々に曝け出すような仕事は、アカデミックな学問の作法とはとらえてもらえない雰囲気がある。

レスポンダーとしてそこにいる

東日本大震災からの復興期の現地での活動において、わたしはアメリカ民俗学の重鎮で、口承文芸研究の第一人者であるカール・リンダール氏（当時ヒューストン大学教授）と、たびたび議論を重ねてきた。二〇一二年にわたしは彼の勤務するヒューストン大学で講演する機会をもらい、逆に翌年の彼が来日した折には、福島県相馬郡新地町で語り部活動を実践する人々を訪ね、ともにインタビューをしたこともあった。そのカールと、二〇二〇年のコロナ禍の期間中、断続的にEメールを交換し続けたのは、『わたしたちはみなサバイバー』と題した共著（原題：Carl Lindahl, Michael Dylan Foster and Kate Parker Horigan eds., *We Are All Survivors: Verbal, Ritual, and Material Ways of Narrating Disaster and Recovery*, Indiana University Press, 2022）にわたしも関わることになったのがきっかけであったが、その過程で災害をめぐって民俗学者と市民が、どのように関係を切り結ぶことができるかを議論してきたのである。

カール・リンダール氏が一貫してわたしに説いたのは、市民も研究者も表現者も、みな災害に対する「レスポンダー」であるということであった。レスポンダーとは、レスポンド（respond）する人、つまり直訳すれば反応や応答する人となるが、意味するところとしては直接の被災者であれ、外部からの関与者であれ、それぞれの災害との関わりのいかんにかかわらず、災害やその後の状況に対して何らかの行動をする人としてとらえようとする表現である。レスポンドは事象に対しての反応であるから、共感するという含意もある。

災害におけるレスポンダーは、現状に対するみずからのスタンスを意識せざるを得ない。自分自身のなかに動機を持って行動する人もいれば、誰かと何かをすることそのものが目的である人もいる。さらに、今はそっとしておいてほしい人、意図して地域には関わりたくない人も状況に対するひとつの対応として、もちろん許容される。そのすべてがレスポンダーであり、ある動機から積極的に関与しようとする人は、自分自身がその現場に応用するスキルが何であるかを強く自覚する。わたしの場合、災害後の状況に対して、文化財レスキュー活動におけるミュージアムのスキルを動員して関与し、その後の復興まちづくりの段階では意識して民俗学者としてのスキルを応用していった。

たとえば、カール・リンダール氏らは二〇〇五年にアメリカ南部を襲ったハリケーン・カトリーナとリタの被災者の有志に聞書きの訓練を施し、彼らを雇用して多くの被災者への聞書きを行った。極めて深刻な生存の危機と、その後の日常生活の困難期を乗り越えたあと、人々が地域社会に戻っていく、あるいは新たなコミュニティに参加しながら日常を再構築していく際に、民俗学の方法や知識が応用された、アメリカ民俗学のパブリック・フォークロアの実践例である。その一連のプロジェクトが「サバイバー・トゥ・サバイバー」をキーワードに、災害の経験者が、他の経験者と対話し、話を聞き、その語りをアーカイヴしていくSKRH（Surviving Katrina and Rita in Houston）であった。その活動は、市民が民俗学的なトピックに積極的に関与することで、みずからを語り、他者の声を聞き、ともに何かを制作し、社会に戻していくという、ひとつの社会参加の運動とも言えるものであった。

ここで言うサバイバーとは、生存者、生き残った人という狭義の意味ではない。むしろ災害を経験した当事者という意味であり、災害によって被った被害は人それぞれである。みずからの命の危険を経験した人もいれば、隣人を失った人もおり、またそうした危険には遭わなかったが避難生活の困難を経験したといった人もいる。彼らは災害の前はふつうの生活者であったが、「被災者」と位置づけられることで当事者となり、そのことで社会とのあいだで困難を抱えたり、葛藤したりする。そうした人々、特に災害弱者でもあり、日頃からアメリカ社会において自分たちの声を届けにくいアフリカ系アメリカ人や、アジアからの移民などが、ひとつの社会参加としてこれに加わったのである。

地域での対話においては、民俗学者であるわたしが「何を知りたいか」を持ち出すよりも、「彼らが何を語ったか、語りたいか、語りたくないか」が重要であった。ヒューストンでの実践においては、市民一人ひとり、とりわけマイノリティの立場にある人の語りは、ボイス＝Voiceとして、つまり自分の立場性を強く意識したある種の主張や思いの込められた証言、エピソードとして受け止められ、その意味を深く考えさせた。発せられ、記録されたことばは、公共空間で共有されることを念頭に置いているから、世間話や会話とは異なる「証言」としての性格が強い。被災地の人々の体験についての語りは、職業や年齢にかかわらず、その人自身のアイデンティティを再確認しながら地域コミュニティを再構築していく物語となる。そこではもはや、聞き手—語り手、専門家—話者、調査する人—される人という関係は意味を成さず、ともにプロジェクトに加わり、民俗学者はそれをコーディネートする舵取り役だというのである。

東日本大震災に限らず、生活文化や地域文化の危機は現代社会においてはどこでも起こっていることである。そうしたアイデンティティに関わる危機に対してミュージアムが取り組むことができるのは、市民それぞれがみずからレスポンダーたり得ることを意識して、何か創造的な活動を続けられるように、舞台を提供することである。

地域文化を生きる人々のエージェンシー

生涯学習においてエージェンシーとは、「変化を起こすために、自分で目標を設定し、振り返り、責任を持って行動する能力」を言う。それを発揮する場のひとつが、ミュージアムである。生活文化や地域文化に関わる専門家、非専門家、あらゆる職業人、あらゆる世代の人々が、それぞれにアクティヴなエージェンシーであることを再認識することが、地域博物館の活性化の鍵である。

文化財レスキューによって回収された、牡鹿半島の民俗資料の応急処置が進んでくると、一つひとつの資料の来歴や使用法を台帳に記す必要が出てきた。また、地域の古写真などから、地域文化の全体像を把握する必要も出てきた。そこでわたしと学生たちは、資料を展示して地域住民に見てもらい、展示会場で大学生たちがインタビューを行うことで資料の情報を得る文化財レスキュー展を始めた。

被災した公民館のロビー、更地に立てたテント、復興商店街の敷地、商業施設のイベント会場と、場所を選ばず展示を行っていくなかで、活動に参加する誰もが、インタビューで語られる人生や地域の暮らしのエピソードを収集する意義に気づき始めた。展示の場を、対話の場へと転

文化財レスキュー展　2012 年

更地での大学生による展示　2014 年

じることで、文化財レスキュー展は、被災地での民俗調査の方法となっていった。震災から三年後には、わたしたちの被災地での活動は「脱・文化財レスキュー」の段階、すなわち保存と応急処置から地域文化・再発見へと移行し始めていったのである。

こうした展示は、地域住民や地元企業、行政、福祉施設、まちづくりやアートの活動家など、さまざまな人々とのコラボレーションで行うようになり、展示にとどまらず、冊子や絵本作成、コミュニティラジオやミニコミ誌による情報共有、ワークショップなどへと展開していった。いわば博物館のハコのないところで行う博物館活動であり、文化における復興まちづくりへと積極的に関与するプラットフォームとなっていった。これが「復興キュレーション」である。

災害に関する展示では、観覧者はふつう、災害の傷ましさにことばを失い、報道では知ることのない現実にふれ、記憶を継承する意義に思いいたる。しかし、わたしたちの展示では、いつも人々はおしゃべりに興じ、何とも満足げに帰っていく。なかには翌日も朝から来る人もある。そのような身近な素材であることが、博物館資料としての民俗資料のいいところでもある。

応急処置を終えて展示する被災民具や、古写真などの地域資料を見て、人々は楽しそうに語るが、それはたいてい、自分自身の若い頃の武勇伝や失敗談、家族のエピソード、地域の特定の人に対する思い出話などである。民具は、「家族・隣人の歴史」を掘り起こす記憶のトリガーであり、そのエピソードは居合わせた別の人と共有できる。全く知らない人のことを話しながらも、奇妙に意気投合して、話に花を咲かせるのである。ふだんの会話でも自分語りをしがちな東北の気質ゆえかもしれない

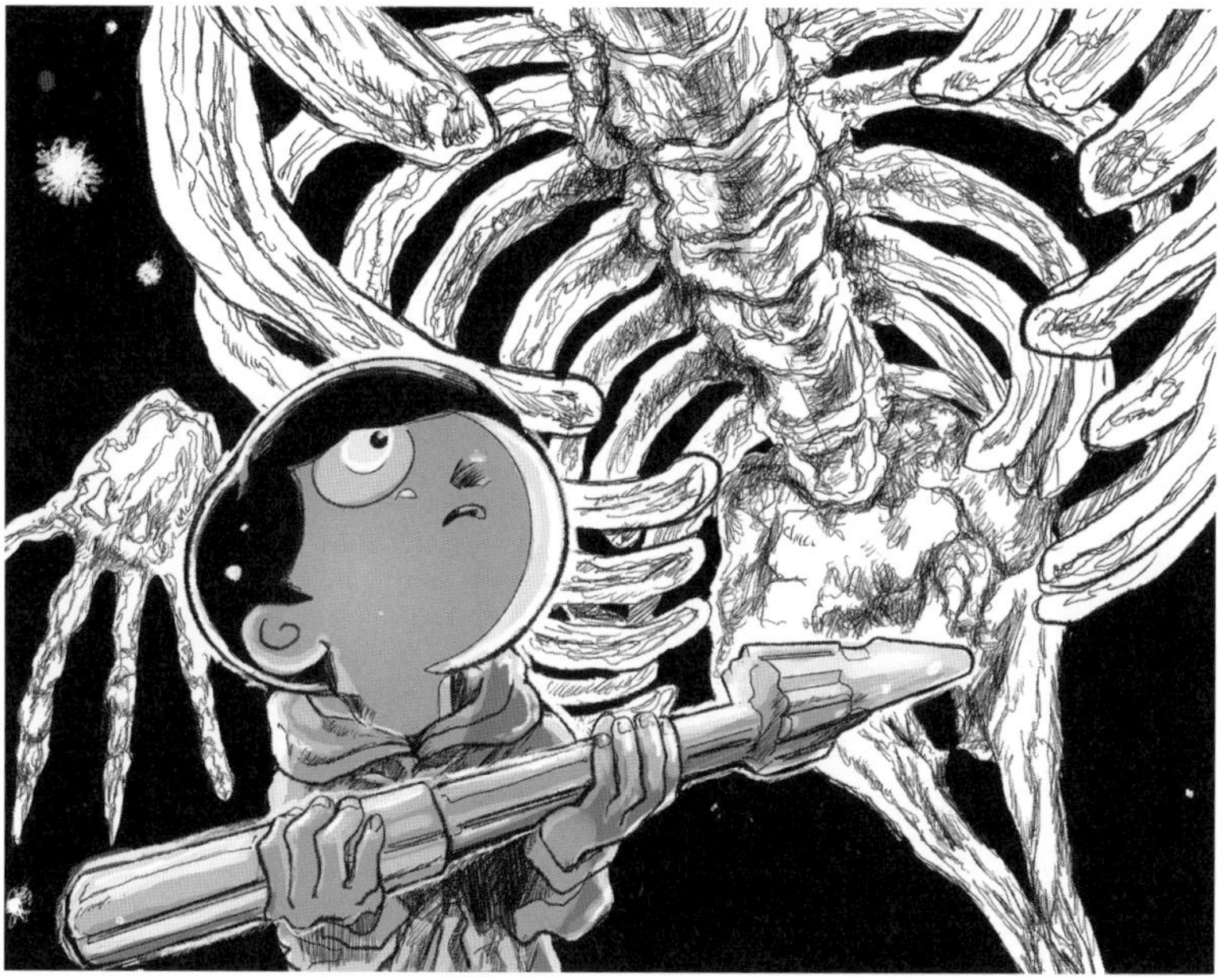

© おおやまなつね

が、しかしそれは民具の力でもある。

「復興キュレーション」で重視したのは、民俗学的に明らかにすることよりも、人々が語りたいことをテーマとして、それを学術的に深掘りすることである。それはパブリックフォークロアの研究態度であり、同時に地域博物館の来し方でもある。ひとつの展示で聞いたエピソードから、次の展示のテーマが浮き彫りとなり、その連鎖によって地域の暮らしのイメージを共有していく。ここでは、地域の誰かの思い出を語ることが、別の人とつながるための社会参加の方途となるのである。

津波常襲地は、災害の繰り返しであるが、地域文化から見れば災害からの「復興の繰り返し」である。復興過程は地域文化の再構築の契機である。石巻市鮎川には、震災九年目に商業捕鯨が再開、文化創造活動の拠点となる「牡鹿半島ビジターセンター」が、翌年には「おしかホエールランド」が完成した。わたしは、発災からの一〇年間の「復興キュレーション」のデータを使ってこれらの展示の監修を担当したが、地域の人々とともに、地域文化をさらに掘り起こし意味づけ直し続けている。「復興キュレーション」のフィールドワークには、終わりがない。

おしかホエールランドの常設展示

復興キュレーション

Keywords：キュレーション、コラボレーション、移動博物館

復興過程でともに描くパブリック・ヒストリー

三陸・金華山沖は、寒流の親潮と暖流の黒潮の潮目にあたり、世界三大漁場のひとつに数えられる好漁場である。三陸海岸は起伏が激しいリアス海岸で知られるが、その南端にあたる牡鹿半島は、仙台湾側の入り組んだ湾内の波静かな海で行われるカキやホヤ、ワカメ養殖業が盛んである。もともとこの地域のカキ養殖は、沖縄の大宜味村出身の宮城新昌が伝えたものだが、その後水産高校や水産試験場による研究・教育によって発展し、今では家業としてのカキ養殖が広く定着している。

表浜と呼ばれる仙台湾側では、古くはカツオ漁による鰹節製造や砂地の底引きで採るナマコ漁が行われ、現在まで続くものとして筌《うけ》を沈めるアナゴ漁や、大規模定置網の大謀網《だいぼうあみ》などが盛んである。一

方裏浜と呼ばれる北側の女川湾に面した海は、磯での漁業が盛んである。箱メガネで船からのぞいてアワビや根魚《ねうお》を採る名人芸的な漁業では、豊富な民俗的な知識が漁の成否を左右する。

豊かな海洋資源は、一攫千金を狙うハイリスク・ハイリターンの気風を生み出した。漁師は大成功して〝御殿〟を建てることもあれば、大失敗して夜逃げ同然の状況にも陥る。それでも磯からやり直せば、またのし上がっていけるのである。

「捕鯨の鮎川か、鮎川の捕鯨か」と言われたほど、鮎川の基幹産業は捕鯨である。現在も小型沿岸捕鯨の前線基地であり、地域の食文化にも鯨肉食は深く浸透している。しかし、鮎川の捕鯨は、紀伊半島の太地《たいじ》のように江戸時代以来の〝古式捕鯨〟の伝統があるわけではない。近代的なノルウェー式捕鯨を導入した企業的な捕鯨技術と、油や肥料、缶詰の加工工場が、セットで丸ごと伝えられて定着したのである。スリップウェイというスロープに牽引してクジラの解体を行う世界最新鋭の設備は、鯨類研究と標本採取に大きく貢献した。

大型のマッコウクジラやシロナガスクジラを捕獲し、鯨油や肥料を主力商品とする企業による「産業としての捕鯨」に対し、鮎川には地

牡鹿半島・鮎川　昭和中期

元資本家による「家業としての捕鯨」が営まれてきた。太地の捕鯨者が考案した、小型捕鯨船による沿岸捕鯨技術の応用によって、「家業としての捕鯨」ではミンククジラを捕獲し、それは鮎川の鯨肉食文化と直結している。なかでも一九五〇年代は、「鮎川の黄金時代」だと人々は振り返る。

その後、ツチクジラも捕獲するようになった鮎川は、ＩＷＣ（国際捕鯨委員会）による商業捕鯨一時停止（一九八二年より）後の調査捕鯨期における鯨類の学術研究の拠点となった。二〇一九（令和元）年には日本のＩＷＣ脱退によって商業捕鯨が再開された。現在は食文化を基本とした捕鯨が継続され、産業面でも文化面でも、鮎川の震災復興の重要な資源となっている。

文化財レスキューにおける応急処置作業や、被災民具を用いた展示と民俗調査に参加した大学生たちは、卒業してもフィールドである被災地・鮎川に通うフォロワーとして、大学卒業後も「復興キュレーション」に関わり続けてきた。そこで取り上げたのは、捕鯨者の武勇伝や、家庭料理の思い出、捕鯨船が行き交う鮎川港の風景、解剖場で遊ぶ子どもたちなど、地元の人々の小さな物語である。こうした小さなエピソードや、〝あるあるネタ〟のような話題を楽しむことは、過去と地続きな現在、そしてこれからの世代へという時間の流れの共有へとつながり、そこに津波被災地における地域文化の役割がある。

二〇一九年末からのコロナ禍とそれ以降の復興キュレーションの活動は、復興過程で取材した祭りや物質文化の調査として、武蔵野美術大学の在学生や卒業生によって継続されている。復興一〇年以降の一〇年は、ハード面での復興を遂げた地域が、その地域の来歴や生活の歴史をもう一度とらえ直し、地域像を描き直していく段階である。

クジラトレジャーと我が家の「文化財」

聞書きデータにおける、食文化のエピソードは女性たちの誇りに通じている一方、男性たちの誇りは、若いころの挑戦や苦難、達成感についての語りにあらわれる。鮎川では多くの場合、それは捕鯨船に乗った経験であり、とりわけ南極海まで航海をする南氷洋捕鯨船での武勇伝である。

戦前から捕鯨会社のツテを頼って多くの若者が南氷洋捕鯨の乗組員となり、戦後のオリンピック方式の時代（捕獲頭数だけが決まっていた各国争奪戦の時代）は、鮎川や隣接の浜の出身者がこぞって南氷洋捕鯨船団に加わった。商業捕鯨一時停止以降も、船の乗組員たちは遠洋漁業や水産庁関連の船舶、タンカーや貨物船などで働き、世界の海で働いた。

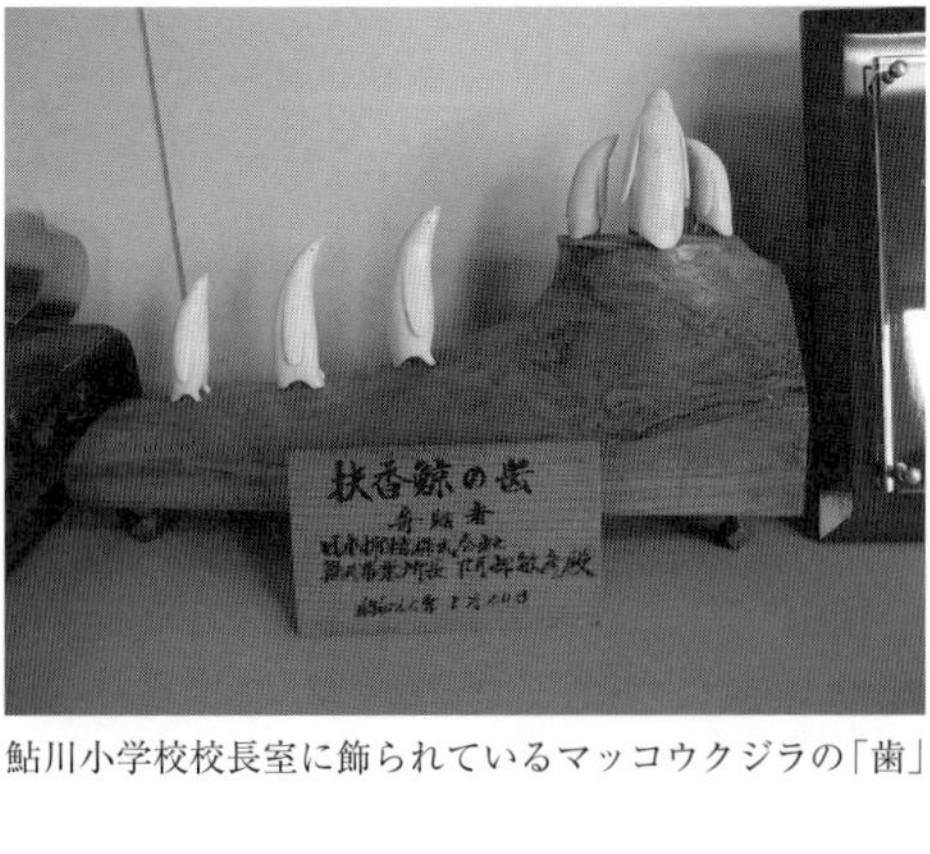

鮎川小学校校長室に飾られているマッコウクジラの「歯」

こうした人々が持ち帰った〝土産物〟が、鮎川では各戸の玄関先や居間に陳列されている。南極のペンギンの剥製や寄港地のエキゾチックな工芸品、サンゴの飾り物や南太平洋の貝殻、クジラのヒゲや骨を用いた作りもの、鯨歯工芸品、鯨類の部位標本…。グローバルな海洋資源保護と直結した捕鯨業の経験は、各家庭の居間に思い出の品として蓄積されていった。東日本大震災前までは、南極海から持ち帰った流氷の氷の破片を、何十年も台所の冷凍庫で保管している家もあった。大学生たちが「クジラトレジャー」と名づけたそうした珍物は、家族・隣人の歴史と結びついており、地元の自慢として語られてきた。

また、捕鯨者たちは引退後、「自分の乗っていた捕鯨船」の模型を作成したり、油絵を公民館の講座で習って「自分の乗っていた捕鯨船」をキャンバスに描いたり、また同様に油絵で鯨のヒゲ板に寄港地の風景を描いたりした。そうしたものが各戸の玄関先や居間に飾られていることも珍しくない。いわば、手芸によるオカン・アートならぬ、捕鯨者によるオトン・アートである。

震災後、それらは「文化財」として、展示の来場者や調査の話者からわたしたちに対し、何度も提供された。文化財保護制度や博物館の調査研究からはみ出した、人々にとっての「文化財」が、鮎川ではクジラトレジャーなのである。

牡鹿鯨まつりと鯨類供養

鮎川の人々にとって最も重要な年中行事は、牡鹿鯨まつりである。一九四八（昭和二八）年に海難事故者の慰霊・鯨霊慰霊と町の活性化のために始まり、町役場と捕鯨会社・漁業会社、商工会、婦人会、小中学校、福祉施設など地域をあげて行うこの祭りは、一九五〇年代の鮎川の黄金時代の賑わいを象徴するものとして人々に記憶されている。

一九五〇～七〇年代、牡鹿鯨まつりの花形は各地区の婦人会による仮装行列であった。昼間は、三輪トラックに装飾した大規模な山車と女性たちの出しものや群舞、歌手や大衆演劇の公演があり、夜は水上スターマインが彩る花火大会で盛り上がった。この時期、捕鯨会社は重要なスポンサーであった。鮎川の観光化が進んだ一九八〇年代から平成にかけ、海上での古式捕鯨を再現するショーや鯨の炭火焼の振る舞いなどが行われた。

東日本大震災で中断した牡鹿鯨まつりは、わずか二年後の二〇一三（平成二五）年に復活した。一九六〇（昭和三五）年のチリ地震津波では四年にわたって中断したことを考えると、東日本大震災後の復興まちづくりに対する牡鹿鯨まつりへの期待がいかに大きかったかがわかる。多くの避難者が仮設住宅に住み、多くの人が地域を離れていった状況にあって、地域のさまざまな主体が協力して行う行事が求められたのである。

1933（昭和 8）年建立の鯨供養碑（鮎川浜・観音寺境内）

牡鹿鯨まつりでは、鮎川の観音寺において鯨霊供養が行われる。鯨霊供養では海難事故死者や東日本大震災による死者もあわせて供養が行われる。捕鯨会社に限らずすべての団体が参列するこの儀礼は、地域にとって重要なものとなっている。

金華山・初巳大祭と鹿の角切り行事

牡鹿半島の先、海上およそ七〇〇メートルに位置する標高四四四メートルの離島は、島そのものが信仰対象である神体島である。美しい三角錐の金華山は、漁民にとって方角や距離を測る指標ともなり、また横切る際には手を合わせるなど信仰の対象となっている。

近隣の漁民はもちろん、東北地方一円から集団参詣の参拝客を集める観光地でもある金華山は、もともと修験の道場としての性格を持っていた。近代に入ると、神社の参詣のみならず、奇岩やダイナミックな地形が人気を博し、また最新式の設備を整えた金華山灯台も観光ルートに位置づけられた。

牡鹿半島の人々にとっては、神輿が浜降りする初巳大祭への奉仕が、金華山への重要な関わり方となっている。当日は、海水を汲んで海藻で神輿を清める特殊神事が行われ、女性たちによる七福神舞が奉納される。

秋には、鹿の角切り行事が行われる。金華山には多くの野生のニホンジカが生息している。山中のシカ、草原のシカ、境内のシカの三つの集団に分かれ、このうち参拝客に危害を与える可能性のある境内のシカを集め、巧みに囲って捕獲して角を切り落とすのがこの行事である。シカの学術的な生息調査でもあるこの行事からは、シ

金華山・鹿の角切り行事

カが金華山の植物を食い尽くして飢餓状態にあることがわかっている。はげ山化した金華山の様相は、半島に渡って生息域を拡大させているシカによって急速な拡大傾向にある。牡鹿半島の金華山化という現象である。

鮎川・熊野神社例大祭

鮎川の高台に位置する熊野神社は、鮎川の町の鎮守の神である。境内には捕鯨会社が奉納したさまざまな記念物が見られる。戦前に奉納された扁額絵馬、境内に立て並べられた捕鯨銛などである。

秋の例大祭は、豊作・豊漁の感謝祭でもある。神輿に神を移し、集落の主要な場所に寄りながら、鮎川の町を一日かけて一周する。担ぎ手はいつの時代も漁業や捕鯨で働く若者たちである。東日本大震災後は、鮎川の定置網で働くインドネシアから来日した漁業研修生たちが担ぎ手となり、震災前から一二年のブランクを挟んで二〇一六（平成二八）年に神輿渡御《みこしとぎょ》が復活した。

鮎川・熊野神社例大祭の神輿渡御

この祭りでは、捕鯨会社や漁業会社、町の主要な場所で神輿を留め、その周辺の住民が御輿に詣る光景が見られる。その折、誰が準備したともなく、地域住民が獅子舞を披露したり、踊りを披露したりして和ませる。

ミュージアム連携と地域文化の掘り起こし

震災一〇年前後は被災地におけるミュージアムの建設ラッシュであった。生活者にとって震災一〇年というものは、メディアで取り上げられるほど意味あるものでは必ずしもなかったと思われるが、復興関連の補助金等の期限や、地方自治体の政策的な節目でもあるため、結果的に多くの展示施設が陽の目を見たのである。ここでミュージアムと言ったのは、必ずしも博物館法や登録博物館といった意味での博物館でないものも、少なからず展示施設を保有し、博物館活動的なものをミッションとしているからである。震災復興という背景があるにせよ、一〇年間でいくつものミュージアムが設立される状況は通常ではあり得ず、見方によってはハコモノ行政の最たる現場ととらえられてもおかしくはない。

近年、わたしが注目しているミュージアムのいくつかは、文化財や博物館に関する法律や行政を前提とするいわゆる生涯学習施設ではない。たとえば、ジオ・ミュージアムは、ユネスコ世界ジオパークの理念にもとづき、調査研究と普及啓発、地域の持続的な経済発展のためにミュージアム活動を展開しており、大地の営みと、その上で営まれる人々の暮らし、歴史を展示する。また国立公園のビジターセンターは、自然公園法にもとづく国立公園の保護や調査研究の活動と、普及活動をコーディネートする施設である。近年は「協働型管理運営」の考え方にもとづき、自然保護一辺倒ではなくなってきており、局地的なオーバーユース、大型野生動物や増えすぎた保護動物による食害、外来生物による生態系の攪乱、生物多様性のための自然再生、人々の生活との共存など、現代的な課題の解決への市民参画を促す役割も担う。このほか、ダムサイトのミュージアム、世界遺産や世界農業遺産などの活動のビジターセンターなども、調査研究活動や展示、ワークショップなどの普及活動を行っており、極めて地域博物館的な活動がある。それらのミュージアムでは生活文化や伝統文化、生業など民俗学の対象とするテーマが重要なトピックとなっていることがある。学芸員を配さずとも、それに準じた仕事を行うスタッフがおり、さまざまな分野の専門家や活動家、アーティストとのコラボレーションを、状況に応じて推進していく柔軟さがある。

現代の地域博物館に求められる性格は、ネットワークを前提とした博物館である。これを仮に、ミュージアム・ネットワーキングと称してみよう。ネットワークを前提とした博物館の逆は、スタンド・アローンな博物館である。学芸員が、自館のスタッフだけで、自館の施設やコレクションのみを使って、自館の予算で行う博物館活動には限界がある。何をテーマとして、どのように調査し、誰と活動をするかを、一つひとつの活動において考えていくのが、スタンド・アローン・ミュージアムからミュージアム・ネットワーキングへの転換の第一歩であろう。具体的には、展覧会企画における協働の促進、博物館資料におけるリソースの共有、住民参加・地域連携の促進、活動の場所を地域に解放していくアウトリーチの重視などをもとに、博物館活動を根本から発想を変えていく必要がある。

複数館でネタを持ち寄る展覧会

震災一〇年の年に、わたしが監修した展示に、宮城県慶長使節船ミュージアム（サン・ファン館）

の特別展「牡鹿半島・海と浜のトリビア10」がある。これはもともとわたしも実行委員として企画から参加した国立民族学博物館の特別展「復興を支える地域の文化―3・11から10年」の、牡鹿半島の活動を紹介する部分をもとに、同じ展示資料を使った別ストーリーの展示であった。

この展示は、宮城県慶長使節船ミュージアムの企画のもと、同館の中澤希望学芸員、石巻市博物館の佐藤麻南学芸員、おしかホエールランドの山本龍治学芸員という、三人の若手学芸員とのコラボレーションで展示作成を進めた。その構成を一〇のトリビア（豆知識、小さな物語）で構成した理由は、船と船舶文化の博物館、歴史・民俗と美術の地域博物館、鯨類と捕鯨文化の博物館が、それぞれのコレクションとそれぞれの分野の知識を持ち寄り、個別のトリビアを構成することで、異種館の合同展示とできるからである。以下は、この展示のトピックの概要の一部である。

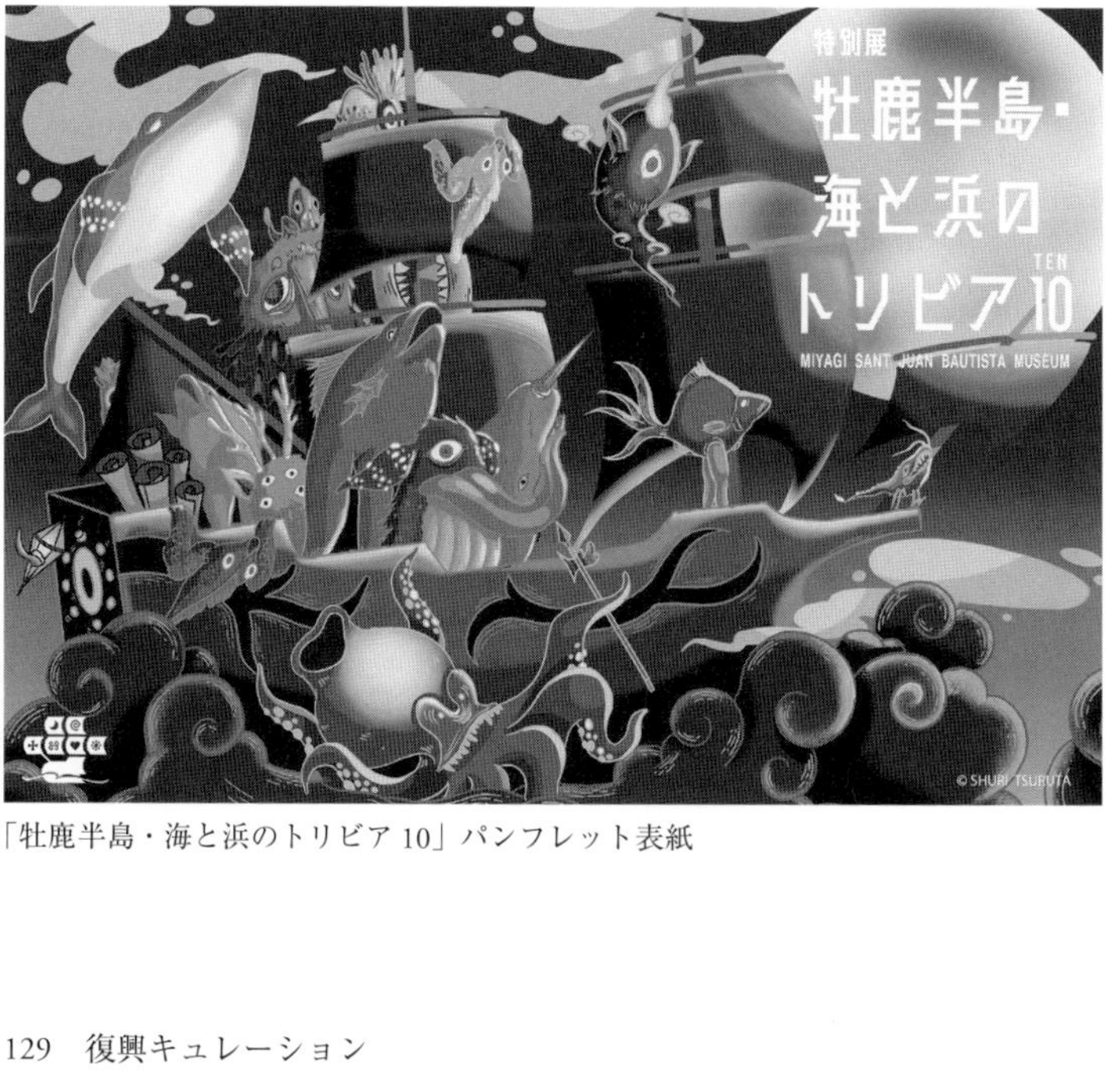

「牡鹿半島・海と浜のトリビア 10」パンフレット表紙

◉クジラの事業場の三角屋根は、もともと飛行機の格納庫だった

鮎川の風景のシンボルだった大洋漁業の大屋根は、もともと仙台飛行場の格納庫の払い下げが移設されたものだった。同様の格納庫は現在の東北大学片平キャンパスの体育館。

展示資料

〔油絵作品〕山家利治〈鮎川港風景〉（石巻市牡鹿総合支所）

〔古写真〕1950年代の大洋漁業の事業場（撮影：鹿井清介）

〔民具〕大庖丁・小庖丁（解体用具）、出荷用印判、捕鯨銛（石巻市教育委員会）

山家利治〈鮎川港風景〉（石巻市牡鹿総合支所）

◉捕鯨会社を誘致できたのは、漁業者を説得できたから

明治三陸津波（1896年）からの復興のため、捕鯨事業を行う東洋漁業（山口県）を鮎川に誘致するにあたり、海を汚すことから事業に反対した地元の漁業者と肥料工場を共同経営することで合意をみた。

展示資料

〔文献史料〕肥料工場経営関係資料（おしかホエールランド）

〔歴史資料〕絵葉書（加藤幸治研究室）

〔現況写真〕捕鯨会社が寄付した白山神社（十八成浜《くぐなり》）の鳥居修繕の石碑

肥料を製造する干場の絵葉書（加藤幸治研究室）

◉鰹節や乾物の製造と、肥料作りが漁業を支えていた

美味しい海産物で有名な牡鹿半島の漁業、冷蔵・冷凍技術がない江戸時代後期から明治の主力は、定置網などで採れた魚を使った鰹節や魚肥・魚油だった。

展示資料

〔歴史資料〕博覧会に出品された灰鮑の表彰状（石巻市教育委員会）

〔古写真〕サケ漁（撮影：鹿井清介）

〔民具〕鰹節製造用具・肥料製造用具・生簀（石巻市教育委員会）

サケ漁（撮影：鹿井清介）

◉漁業の道具や技術の多くは、北のほうから牡鹿半島へ伝えられた

漁業技術の先進地から、牡鹿半島はさまざまな道具や技術を受け入れてきた。佐渡のイカ釣り、北三陸の磯仕事、大規模定置網等、現在の漁業につながっている。

展示資料

〔民具〕箱眼鏡・アワビ鉤・イカ釣り天秤・タコ捕り具・綱ない具（石巻市教育委員会）

〔古写真〕磯の口開け、大謀網（撮影：鹿井清介）

箱眼鏡（石巻市教育委員会）

◉クジラの博物館のはじまりは仙台での博覧会のパビリオンだった

昭和初期、仙台で開かれた東北産業博覧会の鯨館というパビリオン、その展示が鮎川に移され、おしかホエールランドは実は六代目のクジラ博物館である。

展示資料

〔歴史資料〕東北産業博覧会絵はがき集、東北産業博覧会の案内チラシ、歴代のクジラ博物館の絵はがき、旧町立鯨博物館のパンフレット（加藤幸治研究室）

〔民具〕旧町立鯨博物館展示のクジラ模型（おしかホエールランド）

東北産業博覧会の案内チラシ（加藤幸治研究室）

◉捕鯨会社がもたらしたのは、最先端の流行だった

西日本から進出してきた捕鯨会社は、音楽、映画、花火大会など、さまざまな娯楽を鮎川にもたらした。鮎川は石巻に引けをとらないエンタメの湊町であった。

展示資料

〔歴史資料〕東映映画「鯨と斗う男」（1957 年）関係資料（加藤幸治研究室）

〔民具〕手回しオルゴール（石巻市教育委員会）、捕鯨会社寄進の扁額絵馬（おしかホエールランド）

手回しオルゴール（石巻市教育委員会）

◉ペンギンの剥製や異国情緒あふれる貝殻は南氷洋捕鯨のお土産だった

南極条約以前、商業捕鯨のために南氷洋捕鯨に出かけた人たちのなかには、ペンギンや寄港地での土産物を持ち帰る人があり、現在でも各戸に残っている。

展示資料

〔民具〕ペンギンの剥製・貝殻・ヒゲ板の絵画（おしかホエールランド）、ペンギンの剥製（割烹民宿めぐろ）

ペンギンの剥製
（おしかホエールランド）

監修者であるわたしは、トリビア相互の関係性をつなぎ、ひとつの空間に落とし込むという役割を担った。また、理系も文系も含んだそれぞれのトリビアに一貫性を与えるために、アーティストでデザイナーでもあるツルタシュリ（当時は武蔵野美術大学学生）に、展示のデザインと図録『牡鹿半島・海と浜のトリビア10』のエディトリアルデザインを担ってもらった。デザインにあたっては、わたしとアーティストとで牡鹿半島でフィールドワークを行い、地域の生活の実感と江戸時代に太平洋と大西洋を渡る壮大な旅を行った使節船のイメージとを統合するデザイン提案を検討した。ポスターは、牡鹿半島の各浜の文化や生活を熟知したネイチャーガイドとともにイラストを作成した。震災後に地域に定着した若い感性によって、地元の人々の気がつかない多くの要素を盛り込んだイラストを、博物館と協働で作成できたのである。

加えて、展覧会の関連イベントとして日本民俗学会の川島秀一会長（当時）と、宮城県慶長使節船ミュージアムの濱田直嗣館長（当時）とわたしとで牡鹿半島の文化の魅力を語り合い、そこから新たなトリビアを抽出し、『牡鹿半島・海と浜の《続》トリビア10』の冊子を作成した。展示内容の構成にあたっては、石巻市立鮎川小学校の先生方から授業内容との関連や児童の地域理解についての意見もいただいた。

現在は全国的に学芸員の世代交代が進み、若く活力のある学芸員が増えている。各地でこうした活動面での連携によって地域に踏み出していくような展示が進めば、地域博物館の活性化にもつながるのではないだろうか。

市民の視点からのテーマ設定と活動

「復興キュレーション」の企画においては、活動を誰と行うか、どこで行うか、どんな資料を使って行うか、どんな表現をするか、それを誰が語るか、どんな資金を使うか、といったふだん博物館活動において問うことのない前提から考えることが求められる。そのため、展示室での展示、ラジオ放送やネット配信、ゲーム、演劇、トークイベント、ワークショップ、調理実習、インスタレーションといった手法を複合的に導入する。その舞台は、施設にとどまらず、復興イベント、各所の展示会場やミュージアムでの展示、野外展示、復興交流施設での活動、学校での展示、コミュニティラジオへの出演、ミニコミ誌の活用など、ケースバイケースだが、研究成果の表現の先には、必ずオーディエンスや観覧者、対話の相手が存在する。こうした手法そのものが、生涯学習施設にとどまらない多様なミュージアムの活動に学んだものであり、地域博物館の活動の可能性を拡張し得る。

コラボレーションを大切にしながら、地域の人々とともに博物館活動を動かしていく上で、有効な切り口はトピック主義である。その時々のテーマで、小規模・中規模の企画を実現し、ひとつの展示の立派さよりも、数多くの企画を打つことを大切にしていくと、さまざまな主体に関わってもらいやすくなるだけでなく、地域住民に対しても情報が行き届きやすくなるものである。

学生たちとともに聞書きを続けてくると、震災だけが生活を変化させたのではなく、地域の開発や幹線道路の整備、商業捕鯨の世界的な動向、養殖業における流通のグローバル化、農林水産物の生産の政策的な転換など、多くの要素が、一人ひとりの生活のミクロな現場に作用して生活を変化させてきたことがわかる。また災害についても、明治三陸津波、昭和三陸津波、チリ地震津波、平成の東日本大震災の津波と、それぞれに異なる被災状況と、そこからの復興過程があることが見えてくる。人々は、こうした試練に向き合うことで、人生を歩み、生活を営み、思い出を育んできた。

こうしたあたりまえのことが、災害と復興だけに焦点をあてて見てしまうと、見えなくなってしまう。被災地を「災害」を「被った」地域としてのみとらえてしまうと、そこに営まれ、これからも新たな歩みを続けていく、生活の場として見ることを忘れてしまう。文化財レスキューされた民俗資料と、それをもとに地域のみなさんが思い出して語る暮らしの息吹が、復興のなかで作り上げていく〝一人ひとりの暮らし〟のイメージとして共有され、生活文化の復興の一助となること。そこに人々の生活を見つめる民俗学の役割と、ミュージアムのこれからのすがたがあると実感している。

そして、多かれ少なかれどんな災害における文化財レスキューにも、その後の復興キュレーションが不可欠であると、わたしは考えるようになった。文化財レスキューの経過や成果を伝える展示から始めて、そこから新たな研究テーマを見出し、その都度コラボレーションできる人々とともに次の企画をやってみる。災害復興期は、新たな価値や関係性を生み出していく貴重な機会でもある。文化財レスキューによって行う応急処置や修理が完全に終わってから資料の「活用」について考えるのではなく、コレクションやミュージアムの復興プロセスを地域の人々と共有していくような活動を、わたしは震災の年から構想していた。

災害が次々と起こっていくような時代にあって、地域博物館は新たな活動モデルを必要としている。

復興キュレーションはそのひとつのアプローチにすぎないが、いろいろな取り組みを共有することによって地域文化のこれからについての議論を深めていかなければならないのである。本当の意味で資料を救うのは、文化財レスキュー後の復興キュレーションによる新たな価値づけや価値の再定義である。

ビルド・バック・ベターを目指して

Keywords：復興まちづくり、地域文化の掘り起こし、より良い復興（ビルド・バック・ベター）

文化財レスキューからミュージアムの文化へ

二〇一一（平成二三）年三月一一日の東日本大震災からの一〇年間、石巻市の牡鹿半島は地域の生涯学習の拠点となるミュージアム等が被災して機能しない「博物館空白」となった。被災してハコもの（施設中心主義）のハコを失った状況ならば、活動の場を地域に開いて移動博物館を軸とした活動を設定して、ポスト文化財レスキュー期における文化創造活動を推進するしかない。しかし、いったんハコから自由になると、活動の場は地域に開かれ、ともに仕事をする担い手も地域に開かれ、予算もその都度の確保の仕方を工夫し、アクティヴさが生まれるものである。わたしにとって、生活文化や地域文化をあつかう民俗学から「復興キュレーション」を実践する現場は、そのままパブリック・

フォークロアの取り組みとなった。

わたしは文化財レスキュー事業に関わることが決まったときに、資料を応急処置して返却する段階をゴールとするのではなく、救われた文化財を基点とした文化創造活動のキュレーションのフローを念頭に活動を推進した。ミュージアムの復興を災害から一〇年と想定し、そのタイミングで地域文化を描いた民俗誌を作成する計画を立てたのである。

被災当時は文化財をレスキューして応急処置することが最優先である。東日本大震災は、地震と津波、原子力災害の複合であったから、文化財としては水損資料の処置となる。最初の《すくう》という段階は、具体的には「都道府県、諸アクター、ステークホルダーとの救援体制の構築」「文化財レスキューによる資料の捜索・救援」「文化財ドクターによる歴史的建造物等の対応」「盗難防止・資料保全のための一時保管先への移動」「真空凍結乾燥等の劣化進行防止の緊急処置」などの作業となる。これまでに地域での研究や文化活動、自治体史編纂といった事業などを通じて形成された、意図を持ったコレクションをレスキューするのが目的で、文化財的な意味での

すくう

- 都道府県、諸アクター、ステークホルダーとの救援体制の構築
- 文化財レスキューによる資料の捜索・救援
- 文化財ドクターによる歴史的建造物等の対応
- 盗難防止・資料保全のための一時保管先への移動
- 真空凍結乾燥等の劣化進行防止の緊急処置

のこす

- 被災状況の記録と安定化処理
- 殺虫処理・脱塩処理等の保全作業
- 破損した部品の発見・接合
- 写真撮影・台帳目録整備
- 収蔵庫整備までの一時保管と経過観察

つなげる

- 被災地でのアウトリーチやワークショップ等の博物館活動の継続
- 地域の諸アクターの協働による文化創造活動
- 被災経験をふまえた過去の再解釈の場の創出
- 地域住民による文化資源の再発見
- 学びやレクリエーションの場の創出

かたりあう

- 地域的な文脈における大切にしたいものの再発見
- 文化財レスキューされた文化財の意味創出
- 市民参画型の博物館活動の継続
- 地域への共感者の主体的な活動と協働の場の生成
- 復興する地域における新たな博物館像にもとづく模索

貴重さのみならず、復興期の文化創造の資源たり得るものとしてレスキューするのである。

次に、それ以上劣化しない安定化処理という段階の活動とともに、記録を作成して、ミュージアムの建物の復旧、再建までのあいだ、資料を仮収蔵するという段階がくる。この二段階目の《のこす》は、具体的には「被災状況の記録と安定化処理」「殺虫処理・脱塩処理等の保全作業」「破損した部品の発見・接合」「写真撮影・台帳目録整備」「収蔵庫整備までの一時保管と経過観察」などがこれにあたる。膨大な労力と多額の資金を必要とし、プロフェッショナルな技術を要求される領域であるが、古文書などの歴史資料や民具をはじめとする民俗資料には、市民や学生でもできる領域がかなりあり、大学生や多くのボランティアとともに進めた作業であった。

震災直後の応急対応の状況を脱した段階で、三つ目の《つなげる》という段階に移行していく。これが前節で紹介した「復興キュレーション」の部分であり、「被災地でのアウトリーチやワークショップ等の博物館活動の継続」「地域の諸アクターの協働による文化創造活動」「被災経験をふまえた過去の再解釈の場の創出」「地域住民による文化資源の再発見」「学びやレクリエーションの場の創出」など、課題山積である。

そして、復興まちづくりのために地域社会に文化の新たな意味を投げかけていく《かたりあう》という段階がくる。この時期は、ミュージアムの建物が復旧・再建されたり、新たな施設が復興行政の関連で設置されたりすることが想定される。そこにどのような展示や活動の機能を持たせるか、そしてどのような住民参加とさまざまなアクターとのコラボレーションを組んでいくかが課題となる。そこで働く人材は、必ずしも学芸員ではなくても良いが、学芸的な思考を積極的に育んでいくような人材が求められる。熟練した学芸員の知識や技能よりも、状況に対応しながらアイデアをかたちにしていくような柔軟性が求められ、そこに地域に関わる若者たちが活躍する舞台がある。

ミュージアム復興後の《かたりあう》という段階は、具体的には「地域的な文脈における大切にしたいものの再発見」「文化財レスキューされた文化財の意味創出」「市民参画型の博物館活動の継続」「地域への共感者の主体的な活動と協働の場の生成」「復興する地域における新たな博物館像にもとづく模索」など、ミュージアムの本領発揮の時期である。

被災直後は、人文学は無力感にさいなまれた。土木や建築の領域は、目に見えて復興に役立つし、社会学や医療、福祉は地域社会の営みに欠かせない。経営学は企業活動の活性化を下支えし、経済学や法学は経済や制度の面から重要な役割を担っている。一方、人文学や美術・芸術などの、こころの豊かさに通じる文系学問は、いったんあと回しにされがちである。

しかし、復興まちづくり期においては、この土地はどのような歴史をたどり、どのような文化を育み、そして現在に何を引き継ぐことができるのかが極めて重要となる。復興過程では、地域住民は常にそこに住み続けるのか、他所へ生活の拠点を移すのかの選択を迫られる。いったんそこに住み続けることを選んだあとも、社会状況の変化の過程で、本当にそこに住み続けるのかと何度も自問自答し続ける。そのようなときに、その土地に住む意味、すなわち生活文化や地域文化と向き合う契機が生まれる。《かたりあう》という段階は、こうした課題に向き合っていく段階なのである。

復興キュレーションをもとにした常設展示

二〇一九（令和元）年一〇月、牡鹿地区の復興拠点がオープンし、三陸復興国立公園の拠点施設として環境省による牡鹿半島ビジターセンターが設置された。一九五五（昭和三〇）年に陸中海岸国立公園として指定された海岸公園を、二〇一一（平成二三）年に発生した東日本大震災による津波で被災した指定区域の、震災からの復興を目的に、二〇一三（平成二五）年に区域を拡張して三陸復興国立公園として指定されたのである。

陸中海岸国立公園の拠点としてもともと設置されていた浄土ヶ浜ビジターセンターに加え、三陸復興国立公園の普及活動の拠点を青森・岩手・宮城の三県にひとつずつ設置することとなり、青森県には種差海岸に、宮城県には牡鹿半島に新たにビジターセンターが設けられた。また、岩手県には碁石海岸インフォメーションセンターが、宮城県には南三陸・海のビジターセンター、石巻・川のビジターセンターも設置され、それぞれに活動が展開されている。環境省のビジターセンターとしては、ロングトレイルとして近年注目度が高まっているみちのく潮風トレイルの拠点である、宮城県の名取トレイルセンターもある。それぞれに常設展示が作られており、三陸の多様な自然環境や

嵩上げ地に開館した牡鹿半島ビジターセンターとおしかホエールランド

地域文化を伝える役割を担っている。

牡鹿半島ビジターセンターは、この地域をフィールドとして研究してきたわたしが監修者となり、人文・自然科学のさまざまな分野の研究成果を持ち寄るかたちでキュレーションした。民俗学・植物学・霊長類学・動物学・魚類学・地質学・水産資源管理学などから複眼的に描き出すのは、海と人の関わりの舞台としての牡鹿半島の自然と文化である。

展示は、展示・空間設計の業者がコンペで作成した「自然と暮らしのプリズムボックス」というコンセプトがベースとなっている。すなわち自然と文化が渾然一体となった地域のありようが、プリズムを通過すると七つの光の要素に分かれて見えるように、いろいろな分野の話題として展開されるというものである。それを具体的にしたのが、象徴的な春・夏・秋・冬の展示である。春＝食文化、夏＝なりわい、秋＝あそび、冬＝いのりという設定のもと、監修者の八分野のデータがそれぞれに盛り込まれているのである。それらは、以下の春夏秋冬のリード文に集約され、そこからさらに中項目、小項目、エピソードと、枝分かれしていくのである。

春＝食文化のテーマ

〔季節の移ろいを映す鏡〕

山がそのまま海に落ちる半島、季節の移ろいは食卓で実感する

食の楽しみは四季折々。春は海藻、夏にかけてウニやホヤ、アワビ、秋から冬はマガキやノリ。そこに春のミンクや夏のハモ、秋から冬のサバ。かつては山菜やキノコ採りも楽しんだ。浜の四季は、食卓でこそ感じられる。

〔働く分だけ飯がうまい〕

海と山の恵みは季節ごとに変わり、それに合わせて仕事も変わる

牡鹿半島では、労働と食がコミュニティを育み、ワカメやカキの種つけ、アワビの口開け、ミンク漁など、海の仕事と年中行事が深く結びつく。働く仲間とは、親族以上の親戚づき合い、旬の食材を贈り合う。

イラスト：吉實恵

夏＝なりわいのテーマ

〔多様な環境と海の恵み〕

どの季節も途切れることのない海の仕事、男も女も働き者

寒流と暖流交わる金華山沖は、魚もクジラも集まるホットスポット。波穏やかな表浜は養殖業、起伏に富む裏浜は磯根の採集や釣りのメッカ。定置網・刺し網・曳き網・アナゴの筌漁…牡鹿半島は〝漁《いさ》る技のデパート〟だ。

〔働く仲間のコミュニティ〕

半島の漁法の多様さは、地形の複雑さと生きものの多様さのあらわれ

カキやワカメの種つけ・アワビの口開け・マボヤの出荷・カキの殻剝き・四季を通じたさまざまな漁業・捕鯨船の男たち、牡鹿半島の人々をつないできたのは、ともに働く関係性。働きっぷりを見れば、人となりもわかる。

秋＝あそびのテーマ

〔春と秋に恵みが沸き立つ〕

半島や離島の地形は山また山、植物に対する豊富な民俗知を育んだ

人は山の自然にバランスよく介入することで、人間にとって有用な植物を得られる。集落の周囲の山を里山としてうまく使えた時代は、山菜やキノコ採りは季節の楽しみであり、またそれを近所に分けるのも楽しみだった。

〔民話が伝える自然と人〕

動物にまつわる民話が多いのは、人の暮らしと山との関わりの痕跡

いつも人を観察しているサルたちが留守中に人の真似をして大失敗、網地島に棲むというネコの親玉には村人が初鰹を献上する、サルを背にのせて海峡を渡る金華山のシカ…、かつてあったこころ温かい生きものへのまなざし。

冬＝いのりのテーマ

〔祭り囃子にこころ踊る〕

年に一度のお祭りでは居ても立ってもいられない、ご馳走も楽しみ

多くの人々が支える金華山の盛大なお祭りも、浜ごと浦ごとの寺社の祭りや家の行事も、すべて手を抜かず全力で楽しむことで一体感が生まれる。行事で受け継ぐ季節ごとのレシピも、自然と人とが作り上げた牡鹿の文化。

〔祭と海はいつもひとつ〕

氏神は神輿に乗って浜へ降りる、獅子舞は各戸をめぐって福を寿ぐ

それぞれの浜の行事は、獅子舞の門づけと、神輿の浜降り行事。神は海へと担がれて、海水から得た力で人々を守るのだ。浜に漂着したと伝えられる仏像もある。牡鹿半島の人々は、昔から海に祈りを捧げてきた。

年中行事と家庭の食文化の展示

復興まちづくりと地域活性化の動きのなかで、ひっそりと失われていく文化がある。その最たるものが、家庭の年中行事における行事食や家庭料理である。津波の浸水域の住民は、高台の復興公営住宅や都市部への引越し・移住によって台所が変わり、また家族のつき合い方も変化した。そうした暮らしの変化のなかで、家庭の年中行事は手間をかけてまで続ける意義が乏しく、いつの間にか作らなくなるレシピが出てくる。

そうした流れを食い止めることはできないが、せめて半世紀前はあたりまえのように行われていた家庭の年中行事を調査して紹介し、再認識してもらう機会を作りたいと考え、二〇二三（令和五）年から二四年にかけて、わたしは牡鹿半島ビジターセンターの職員らとともに、人知れず忘れられていく家庭料理の紹介パネルを、毎月掲示するという取り組みを行った。日めくりカレンダーのパロディとしてデザインしたのが、コーナー展示「鮎川の年中行事」であった。

「復興キュレーション」における展示は、本格的な博物館の特別展規模から、小学校の多目的室で行う手作り展示までさまざまな規模がある。予算的にも数百万円の場合もあれば、予算ゼロで全くの手弁当、むしろ持ち出し覚悟のものまである。コラボレーションの相手も、ミュージアムや地域の文化交流施設、地域住民、捕鯨会社、学校、地元の商工会や寺社の総代会など、その都度変わっていく。

忘れられた家庭料理や年中行事のコーナー展示「鮎川の年中行事」のあと、牡鹿半島ビジターセンターの職員らは、独自に正月のお雑煮調査を実施し、牡鹿半島ビジターセンター季刊誌（「おしかばりぃ」

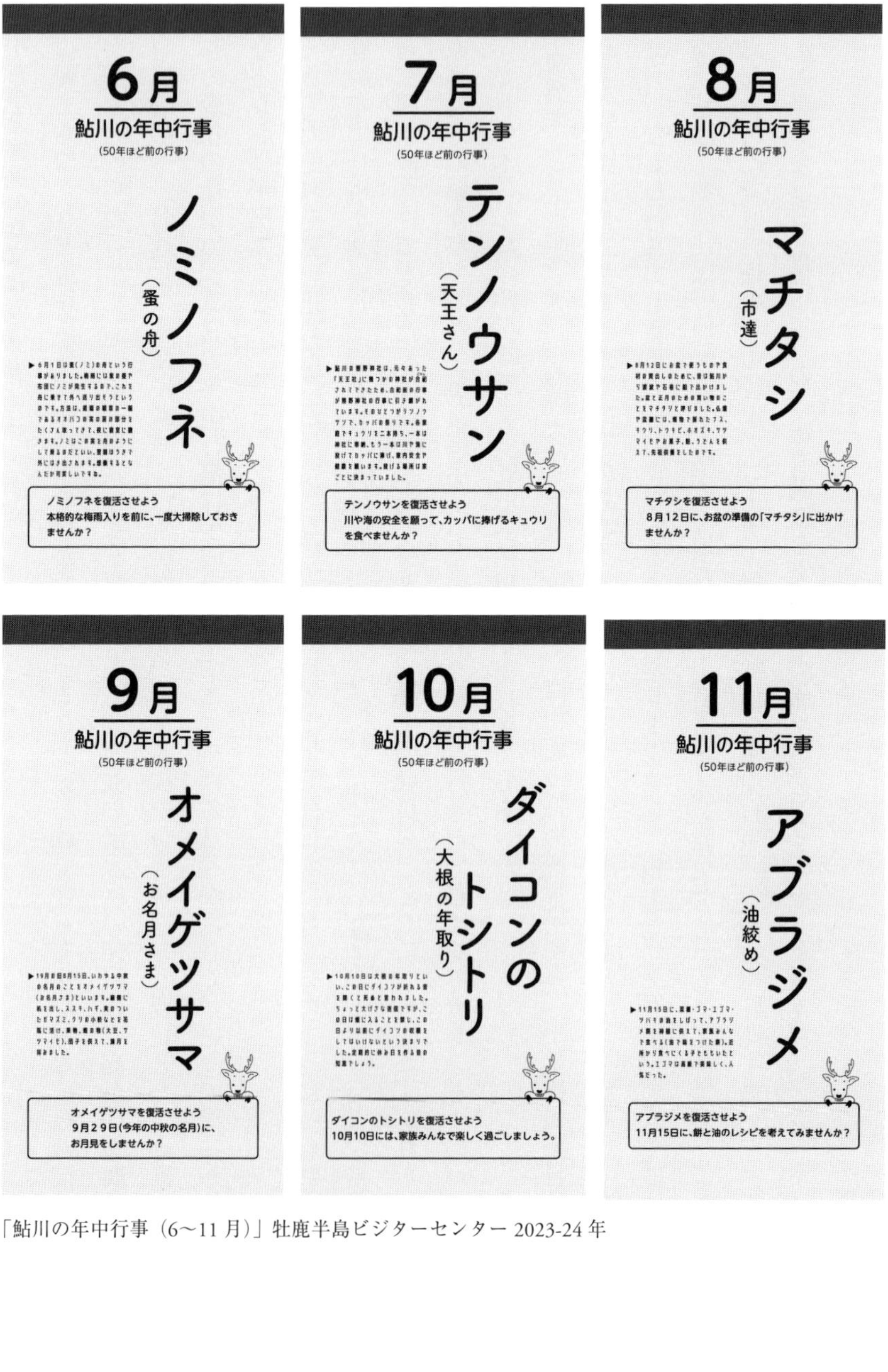

「鮎川の年中行事（6〜11月）」牡鹿半島ビジターセンター 2023-24年

二〇二四年冬号、Vol. 17）に掲載した。かつて牡鹿半島では、お雑煮の出汁のとり方に家庭ごとの多様性があった。焼きハゼを用いる仙台雑煮に近いものもあれば、干したホヤで出汁をとるこの地域らしい事例もあったが、牡鹿半島の現在のお雑煮は全体としては鶏の出汁のすまし汁が多く、大根とニンジンを千切りにしたひき菜、ゴボウ、豆もやしなどが定番となりつつあると言う。それはむしろ宮城県の内陸部農村のお雑煮をイメージさせる内容だが、そこに海の幸としてアワビやイクラなどがあしらわれる。また、捕鯨の湊町らしく、長崎県や五島列島、下関からの移住者の子孫も少なからずおり、その地域の影響を受けたお節料理もあるという。地元の施設の職員が主体的に行った調査は、適度な〝内輪感〟のある記事として季刊誌にまとめられ、町内会等の行政配布を通じて地域住民に共有されていく。専門家が描く文化に対し、パブリックな視点で非専門家がみずからの興味関心から調べ、表現するものは、親しみやすさにあふれている。

パブリック・ヒストリー、パブリック・フォークロアにおいては、専門家が一方的に地域文化を描き出すのではなく、ともに活動し、表現していくことが求められる。このとき、小学生には小学生なりの地域の見え方があり、若者にはまた別の魅力や不満が見えており、年長者は地域に長く住んでいるがゆえに愛着もあり、また話題にしたくない事象とそれに付随する苦い思い出や葛藤もある。そうしたそれぞれが持っているものがあらわになるような活動を、地域においてどのように作り出すことができるか。日常的な生活のなかでの上下関係などにこだわらず発言できるような学びの公共空間の創出と、さまざまな人々がそれぞれに学びを得るソーシャル・ラーニングが、どんな地域にも求められている。

「より良い復興」と文化創造

「復興のキュレーション」は、展示やワークショップ、トークイベントなどの場で、そこに居合わせた人々が語り合い、共有していく博物館活動である。展示されている民具と古写真を前に、地域の人々同士、学生と地域の人々などによる、さまざまな対話からエピソードが生み出される。また過去に聞書きをしたエピソードに喚起されて、別の人々がみずからのエピソードを語り始めることもある。こうしたものを集積して展示をし、その展示から次の展示のテーマが立ち上がり、ともに調査をしたり活動したりしてまた展示が生まれる。

被災地の人々は「わたしたちの暮らしはどのようにかたちづくられ、どこへ向かっていくのか」を、みずからの問題として考え続けてきた。復興の一〇年あまりは、震災後の今を生きる人々が歴史をとらえ直し、誇りと愛着のより処となるものを求めるなかで意味づける、地域文化・再発見の学びの土台となる時間であったとも言える。こうした継続的な地域への関わりは、「復興キュレーション」のプロセスごとの地域課題と向き合いながら、その土地の文化と人々のことを理解していく過程であり、パブリック・フォークロアの実践の仕方のひとつであると、わたしは考えている。

二〇一五（平成二七）年三月一四～一八日、仙台で第三回国連防災世界会議が開催され、その関連で国際専門家会合「文化遺産と災害に強い地域社会」が三月一一日～一七日の日程で、東京と仙台で開催された。この一連の会議を通して、非常に重要なキーワードとして社会的に認知されたことばに「レジリエンス（resilience）」と「より良い復興（Build Back Better）」が挙げられる。レジリエンスとは、災害に対する社会の強さや回復力といった意味で、これを高めることが減災につながるという共通認識がある。その前提には、災害とは単なる自然環境の突発的な変化という危険因子（hazard）による損失を指すだけでなく、その内容のなかに少なからず人間社会の営みによる被災が含まれているという考え方がある。そのおもなものは、貧困や差別などによって抑圧された人々が災害を被りやすい環境に居住せざるを得ないという社会的な脆弱性の問題や、社会的なルールを遵守していない建造物などのモラルの問題、無秩序な開発などの都市計画上の問題などが挙げられ、それらの災害リスクを解消するための投資や意識改革などが求められている。こうした問題を、被災経験にもとづいて再検討し、脆弱性を克服してレジリエンスを高めた社会を構築しようという考え方が「より良い復興」である。

そもそも復興とは、物質的な面でのインフラの復旧や生活環境の再整備や、安定した職業・生業の営みや健康、福祉など生活を営む基本的な土台づくりに加え、人生や生活における幸福のための条件を作っていく継続的なプロセスである。よく、なぜ人々は災害リスクのある土地に住み続けるのか？という問いを耳にする。被災地に生きる人々は、経済的な目的のために災害の危険を承知でそこに居住しているのであろうか。そうではなく、そこで生きてきた営みのなかで、地域文化に対する再認識と愛着、人生において大切にしたい価値、そこに生きていくことへの誇りといったものを束にしたような、ことばで表現し得ない何かに寄り添って、これからの生活を展望しているのではなかろうか。

わたしの考える「文化におけるより良い復興」とは、人々が被災経験を通じて、地域文化の再発見、再解釈、そして再定義をこころのなかで進めることによって、その地域で生きていくことへの意味を創り出していくことである。外部からの関与のみならず、災害を経験した人々自身が、生活や地域文化の掘り起こしにつながる活動に関わるなかで、その地域の暮らしについて語れるということが復興に重要な役割を果たし得るのだという認識が重要であろう。

課題 2：民具コレクション活性化計画
—新・生活改善運動—

●身近な生活用具のコレクションをこれまでにないアイデアで活用するために、コラボレーションするジャンルを挙げてください（民具＝衣類、食具、台所用具、民家、調度品、農山漁村の仕事道具、伝統的なものづくり、信仰用具、行事で使われるもの、芸能や音楽に関する道具など）。

ジャンル：　民具 ×

●企画にタイトルをつけてください。

企画名：

●民具を使って現代生活をより良くするためのアイデアを計画してください。

・目的（200 文字）

・内容（300 ～ 400 文字）

・期待される効果（200 文字）

III　シチズンシップのための自学

LLLプラットフォーム

Keywords：シチズンシップ、生涯教育の理念、公民館、学習権、秘められた宝

ラングランによる生涯教育の提唱

社会に深く関与しながら人間の幸福を追求していくパブリックな人文学（パブリック・ヒューマニティーズ）は、文化を市民一人ひとりにとって意味あるものとし、生きる糧としてさまざまな社会参加の動機を生み出していくことにつながる。それは自分自身が主体的に人生を生きている実感を得るために、〈わたし〉を世界から奪還する営みそのものである。

自己形成と社会参加にみずから進んで取り組んでいく上で、シチズンシップの涵養が不可欠である。経済産業省は、二〇〇六（平成一八）年に「シティズンシップ教育宣言」を公表し、シチズンシップを「多様な価値観や文化で構成される社会において、個人が自己を守り、自己実現を図るとともに、よりよ

い社会の実現に寄与するという目的のために、社会の意思決定や運営の過程において、個人としての権利と義務を行使し、多様な関係者と積極的に（アクティブに）関わろうとする資質」と定義している。

多くの場合、シチズンシップは、選挙・住民投票などの意思表示、パブリック・コメント等を通じた政府や行政に対する意見や要望といった政治的な活動、社会が必要とする商品やサービス、社会全体に益すると考えられる消費行動や生活などの経済的な活動について議論される。

こうした政治的・経済的な活動に加え、シチズンシップにもとづく文化的な活動も重要である。パブリック・フォークロアなどの人文学の公共性の議論は、社会人として必要な知識や素養を身につけたり、学術・科学や、地域文化、芸術などの文化的な活動を促進する。シチズンシップにもとづく文化的な活動は、市民一人ひとりが、生涯学習による自学を通じて社会参加することを基盤としているのである。

今では一般的なことばとなった生涯学習は、もともと英語の Lifelong Learning（ＬＬＬ）の訳語で、その教育観はユネスコ（国際連合教育科学文化機関）がグローバルな課題として提示した新しい概念であった。ユネスコは一九四六年に国連の機関として設立され、人類普遍の自然や文化、人権等に関する価値観を尊重することにもとづき、持続可能な開発、平和構築のための文化的多様性の保持、人権の遵守、貧困の削減などを目的とした、諸活動を展開している。生涯学習は、そうした目的を背景に掲げられた理念であり、日本では各自治体の教育委員会によって学校教育以外の学びのプラットフォームが確立されてきた。ライフロングの教育を推進したポール・ラングランは、当時の訳語で言う「生涯教育」について次のように述べている。

人間は、一度えた一組の知識と技術だけで自己の全生涯をまっとうしうるという考え方が急速に消滅しつつある。（中略）教育の意義は、ひとかたまりの知識を獲得することではなく、存在を発展させることつまり経験を積むことによって自己実現を拡大する存在を発展させることである。

もしそうであれば、教育の責務は、次のように考えられる。

第一に、人が生涯を通じて、教育訓練を継続するのを助ける構造と方法を提供することである。第二に、人が、いろいろな形態の自己教育を通して、真のかつ最高度の自己発達の客体となり手段となるために用意をさせることである。

（ポール・ラングラン『生涯教育入門』波多野完治訳、全日本社会教育連合会、一九七四年、五一頁）

ポール・ラングランは、ユネスコが生涯教育という理念を提示することに中心的に関わった人物である。一九六五年にパリ本部で開催した成人教育推進国際委員会で表明されたこの理念は、のちに生涯学習ということばに置き換わりながら各国の教育制度や教育制度に実装化されていった。生涯教育の先進的であったところは、青少年という年齢層に限定されてきた公教育を、個人が生まれてから生涯をまっとうするまで、各段階において意味ある教育があるという時間軸での意義と、教育を学校現場のみならず社会全体に広げて総合的にとらえ直すライフロングの教育という空間軸での意義の両面があった。ポール・ラングランは、そのことを著書で次のように述べている。

教育は、われわれがみてきたように、個人の生涯を通して存在しているが、個人に危機が起った場合には、より以上に教育が必要となってくる。

ある年齢から次の年齢への成長―子供から青少年へ（青少年自体の中にいくつか段階があるが）、青少年期から成年期へ、そして第三期へ、ついには生涯の終期へ―には、それぞれ問題や危機をはらんでいる。各成長段階は、それぞれ強さと弱さと、また利点と欠点をもっており、そして特別の内容をもっている。各成長段階が十分な意味を持ちえ、また、それが、分解の契機ではなく、それとは反対に、より鋭敏な意識、より確実な知識をもたらし、自我をよりよく支配するという方向へ進歩するためには、固有の教育努力が、それぞれの成長段階で、あたかも青少年期へ入る場合のように必要とされるのである。（同、五三〜五四頁）

ポール・ラングランが中心となり、ユネスコ成人教育推進国際会議でまとめられた生涯教育についての国連加盟国への提案は、日本の教育行政にも大きな影響をおよぼした。日本には、現在でも義務教育を中心とする公教育を重視する社会通念があるが、一九六〇年代後半の日本においてそれは現在よりも強固なものであった。そのため議論の進展は遅く、一九七一（昭和四六）年になってようやく社会教育審議会が、また一九八一（昭和五六）年には中央教育審議会が答申により、社会教育や、学校教育を補強する学びについての議論をまとめた。ここで社会教育と学校教育という、現在も地方自治体の教育委員会の主要な部門となっているカテゴリが定着し、家庭教育・学校教育・社会教育の三者の連携による共通理解を得たのであった。

一九七二年にユネスコ教育開発国際委員会が公表した報告書「未来の学習（Learning to be）」では、生涯教育は個別の教育制度ではなく、むしろ教育制度全体の基本原理であると位置づけられた。生涯教育を、各国の教育政策の基本理念とすべきと勧告したのである。学校教育を中心とすべきとする思潮が強い日本にあっては、そこから時間はかかったものの、一九八八（昭和六三）年に文部省の既存の社会教育局をもとに生涯学習局が新設され、同省の筆頭局となったことは、生涯学習の行政の大きな転換点であった。

生涯学習ということばが定着したのは、一九八〇年代であり、市民がみずから学習する意欲と能力を養い、学び続けるための施設や制度の整備・充実が推進された。そして一九九〇（平成二）年、ユネスコの生涯教育の理念の提唱から四半世紀を経て、「生涯学習振興法」が公布された。この年の中央教育審議会「生涯学習の基盤整備について」の答申では、生涯学習の基盤整備のための施策について次の四項目を提言している。

①国と地方公共団体における連絡調整組織を法的に整備すること。
②都道府県に生涯学習推進センターを設置し、及び大学・短期大学には生涯学習センターの設置

を期待すること。

③教育・スポーツ・文化活動等の生涯学習事業を地方の住民に集中的に提供できるようにするため、生涯学習活動重点地域を設置すること。

④カルチャーセンターなど民間教育事業の振興のために国及び地方公共団体の間接的な支援が必要であること。

これを受けて、自治体は生涯学習推進センター等を整備し、また既存の公民館活動を充実させつつ、活発な生涯学習プログラムを提供するようになったのである。

日本におけるパブリックな学びの展開

社会教育は、近代国民国家の成立以来、欧米諸国で成人教育としておもに貧困層や非修学者への識字教育や、国家の構成員として市民を教育する公民教育として行われてきた。明治時代に入り、日本も近代国民国家として教育制度を確立していったが、当時の文部省は近代学校制度の建設を主軸としており、それ以外の施策としては東京に置かれた図書館（書籍館）と博物館にとどまっていた。日露戦争後、日本社会は急速に近代化が進展していく。そのなかで社会教育として整備されていったのは、通俗教育の振興と青年団の育成であった。この通俗教育というのは、師範学校、小学校と並んで青年や大人の教養や、文芸への理解を深める社会教育であり、認定された優良な国民文学（通俗図書）の奨励、当時最新のメディアであった幻燈映画や活動写真フィルムの上映などが全国的に展開された。また、青年団については、江戸時代以来の若者組などの村々の青年組織は廃止され、それぞれに自主的な青年会は営まれていたが、日露戦争以後は社会教育の一環として行政的に育成されるものとなり、全国的に組織化が進んでいった。

その後、戦前戦中にかけ、青年団は昭和初期の疲弊した農村などの救済を目的とする自力更生運動や農山漁村経済更生運動、日中戦争の開始直後の一九三七（昭和一二）年に始まる国民の戦意高揚のための国民精神総動員運動などの国民統合政策にも大きな役割を持っていく。青年団は、地域で郷土調査や民俗芸能の実践などの活動も行い、全国規模で伝統文化の掘り起こし運動的な活動を推進する主体ともなっていった。しかし、戦中の軍国主義体制のもと、こうした活動は民衆教化、さらには思想善導に置き換わり、町内会、部落会、隣組の整備などの地域のあらゆるレベルの組織も戦時体制に組み込まれていき、最終的に日本は敗戦を迎えたのであった。

戦後日本が民主化の過程で、学校教育の外側にある学びを充実させていく動機は、現在の生涯学習とは少し異なる目的にもとづくものであった。第二次世界大戦からの復興において、戦中の社会は地域社会をいびつなものとしてしまった。その最たるものが、隣組（隣保班）である。隣組とは、国家総動員法にもとづいて国民生活の統制が求められ、一九四〇（昭和一五）年に当時の内務省が町内会と部落会の下部に組織したもので、回覧板による情報周知や配給切符の割りあて、資源回収、防空の備えなど国民生活の基盤とされた活動の主体となる一方で、隣人同士の監視や思想統制などの最前線でもあった。

戦後、GHQ（連合国総司令部）は国家体制に組み込まれた地域社会の中心的な組織としてこれを解体し、一九五二（昭和二七）年、サンフランシスコ平和条約の発効により連合国の占領政策が終了すると、部落会や町内会は全国的に復活し、地域における自治の立て直しが社会的な機運となった。

こうした背景から、一九五〇〜六〇年代における地域社会では、民主的な地域自治の確立、平和創造や民主主義の確立に向けた学習、教養の普及や識字教育、公衆衛生のための講習などの舞台として、公民館や町内の自治会館、社会福祉施設としての隣保館や生活館などの活動が活発に行われてきた。生涯学習は、そうした日本独自の戦後の地域活動に接木されるかたちで定着していったこともあり、生涯学習プログラムも単に何かを学ぶという以上に社会参加としての側面がもともとあったと言えるのである。

一九七〇年代、経済の高度成長期を経て、日本社会の急速な変化によって教育における課題も社会問題と連動して複雑化していった。科学技術の進展や産業の発展の一方で、公害や開発をめぐるさまざまな軋轢、人口の都市集中などが顕在化したのである。学歴社会が顕然となり、賃労働による個人の埋没、人間疎外が時代の雰囲気を占めるなかで、平均寿命の伸長や高学歴化によって、人々の教育・学習へのニーズも多様化、複雑化していく。特に核家族の進展と地域社会からの孤立は、地域の生涯学習活動による女性や高齢者の社会参加の意義を強めていった。

一九八〇年代後半からバブル経済崩壊後の一九九〇年代にかけ、地域活動は新たな段階に入った。主要なトピックは、町づくり・村おこし、市民大学や地元学などの草の根の地域研究、環境保全・地域開発と合意形成、地域医療と健康、女性の権利や人権教育など、多岐にわたる。また、それまでは別々に行われてきた図書館、公民館、博物館や美術館などの社会教育と学校教育を、社会教育施設の活用というかたちで連携を図ろうとする学社連携、あるいは博学連携のための取り組みが増えていった。

一九九五（平成七）年一月一七日の阪神・淡路大震災では、多くのボランティアが被災地に駆けつけ、救援・復旧活動に欠かせない存在であることが広く社会に印象づけられた。それを契機に、人々のボランティア活動への関心は高まり、全国にボランティア団体や個別の社会問題に対応するＮＰＯ法人等の団体が社会の重要なアクターとして定着していった。

こうした動きに連動し、二〇〇〇年代から一〇年代には、生涯学習や地域課題のトピックも多様化し、それぞれに高度化していくなかで、専門家と市民がともに問題を共有し、活動を展開していく開かれた学問のありようが社会の表舞台に登場していったのである。そのトピックの例を挙げれば、地域の歴史や文化の魅力発見と地域学の隆盛、文化財や文化遺産の保護・継承活動、子どもの居場所作り、発達障がいと療育支援、高齢者の地域活動、貧困と格差社会、多文化共生と日本語教育、災害文化と防災教育、スポーツと社会参加、低迷する第一次産業の活性化、農村の多面的機能と枚挙にいとまがない。あらゆる現代社会の問題は、地域社会が活動の最前線となっているのである。

学習権と生涯学習

日本の生涯学習の展開を、具体的な社会教育の拠点としての公民館から段階的にとらえてみると、その流れがより鮮明に見えてくる。公民館とは、第二次世界大戦後の文化行政において、民主主義を定着させるための「公民の家」として構想された。エイブラハム・リンカーン大統領の有名な「ゲティスバーグ演説」の「人民の、人民による、人民のための政治」というフレーズになぞらえ、「我々のための、我々の力による、我々の文化施設」として、戦前からの図書館・博物館に加え、戦後すぐ文部省社会教育課が設置を推進したものである。地方自治体の教育委員会によって設置される社会教育施設は、法律には次のように位置づけられている。

公民館は、市町村その他一定区域内の住民のために、実際生活に即する教育、学術及び文化に関する各種の事業を行い、もつて住民の教養の向上、健康の増進、情操の純化を図り、生活文化の振興、社会福祉の増進に寄与することを目的とする。

（社会教育法 第二〇条）

具体的には、地域の生涯学習拠点として市民の学習ニーズに対応した講座、講演会、展示会等を実施する。教養や趣味、知識、技能を高める講座だけでなく、サークル活動、同好会等を通して、市民が互いに学び合い、教え合う公共空間である。あつかわれるテーマは多岐にわたるが、地域生活の日常から立ち上がる社会課題、地域課題、そして現代的な問題に対して、市民相互に課題解決することが最終目標とされている。

公民館は、日本の教育行政に独自なものであるが、最も身近にある地域のパブリック空間である。

公民館の役割を、時代ごとに区分してその時代の社会課題を要約すると、以下のような流れとして描き出すことができる。
第一世代「初期公民館の段階」（終戦後一九四〇年代）
第二世代「公民館近代化の段階」（一九五〇～一九六〇年代）
第三世代「住民参加型公民館の段階」（一九七〇～一九八〇年代）
第四世代「行政改革下の公民館の段階」（一九九〇～二〇〇〇年代）
第五世代「地域創造型公民館の段階」（二〇一〇～二〇二〇年代）

終戦後から社会教育法制定までは第一世代「初期公民館」と位置づけられ、公民館は一九四九（昭和二四）年の社会教育法制定により、社会教育行政の施設として広く設置されていった。法律における社会教育とは、「学校の教育課程として行われる教育活動を除き、主として青少年及び成人に対して行われる組織的な教育活動（体育及びレクリエーションの活動を含む。）」である。この時期の地域課題は、住民・集落自治の確立、平和構築、識字教育、公衆衛生、青年教育などにあり、何より公民館の根本的な理念でもある民主主義を実践する新しい公民のための学びの場であった。

一九五〇年代から六〇年代は、第二世代「公民館近代化」と言える時代であり、公民館活動が広く定着し、活発に実践されていった時代であった。都市近郊の急速な開発においては、新住民と旧住民、新住民同士がともに活動する公共空間としての役割を持ち、農村部においても高度経済成長の社会変化に対応した新しい学びや交流の場となった。

一九七〇年代から八〇年代は、第三世代「住民参加型公民館」の時代であるが、学習権の保障という新たな概念が登場する。学習権とは、一九八五（昭和六〇）年の第四回ユネスコ国際成人教育会議において採択されたもので、学習権を新たな人権ととらえる認識を共有することが国際的な課題となり、学習権が次のように位置づけられた。

学習権とは、
読み書きの権利であり、
問い続け、深く考える権利であり、
想像し、創造する権利であり、
自分自身の世界を読みとり、歴史をつづる権利であり、
あらゆる教育の手だてを得る権利であり、
個人的・集団的力量を発達させる権利である。

（第四回ユネスコ国際成人教育会議）

この時期、公民館では学級講座をそれぞれの自治体で自主編成し、館長や公民館主事などの職員、郷土史家や地域活動に従事するさまざまな一般市民も講師となり、地域でのインフォーマルな学び合

いを支えた。地域博物館建設の時代でもあり、また自治体史編纂も非常に盛んで、加えて草の根の活動として失われていく民具の収集や古文書読解などの地方史研究なども、博物館とともに公民館が拠点となって推進された。

一九九〇年代から二〇〇〇年代の第四世代「行政改革下の公民館」は、行政施設の維持における経済的な困難が浮き彫りとなり、委託合理化や受益者負担などが導入されていった。この時期の重要なグローバルな動向としては、ユネスコによる二一世紀の教育における持続可能な社会の実現において、改めて生涯学習が不可欠であると提起されたことである。

秘められた宝

一九九六年に公表されたユネスコ二一世紀教育国際委員会報告書『学習―秘められた宝』では、「社会の鼓動」における四つの学びの軸として、「知ることを学ぶ（learning to know）」「為すことを学ぶ（learning to do）」「共に生きることを学ぶ（learning to live together）」「人間として生きることを学ぶ（learning to be）」を挙げている。この報告書名『学習―秘められた宝』のタイトルはイソップ童話のひとつ「農夫とその子どもたち」をもとにしていると報告書を提出した委員長が説明している。

「農夫とその子どもたち」は、ある農夫と働かない三人の息子たちの家族がいて、その父親は畑に宝物があるから掘り起こすが良いと言い残して亡くなった。三人の息子たちは、必死に畑を耕してみるが見つからない、しかし翌年はよく畑が耕されたことから大豊作に恵まれ、子どもたちは労働することの大切さを認識したというものである。みずから耕す（cultivate）ことで、生きる意味を知るという教訓から、労働を学習に置き換えて報告書がまとめられた。「社会の鼓動」における四つの学びの軸は、のちに日本ではゆとり教育の理論的支柱となったことからさまざまな議論があるが、方法はともかく理念としてはその有効性を保っている。

二〇〇〇年代以降現在にいたる第五世代「地域創造型公民館」は、多様性を包摂する文化創造・生活課題と結びつく学習・自己表現を重視した活動・「たまり場」保障・多様なアクターの協働の場など、さまざまな地域課題が、社会全体の問題としてとらえられている。

また、インターネットとＩＣＴ技術が生活の隅々まで普及していく現代にあって、教育の情報化も重要な課題となっており、一九九九年、ドイツで開かれたケルン・サミットで採択された「ケルン憲章―生涯学習の目的と希望―」では、「すべての子どもにとって、読み・書き・算数・情報通信技術（ＩＣＴ）の十分な能力の達成を可能とする教育が不可欠である」と合意され、日本でも学校教育の情報化が進められている。

生涯学習においても、オンラインでの学びや、動画等のコンテンツからの学びなどがあたりまえのものとなっている。特に動画配信サービスにおいては専門家が非専門家に教授するという構図は大きく揺らぎ、一般市民が発信する情報から、別の市民が学ぶことや、専門家と企業とがともに関わってコンテンツを作ることも一般的なこととなった。人々の興味関心や趣味の多様化と高度化の時代にあって、地域の公共空間のありようが問われている。

子どもワークショップ・プランニング

Keywords：学習指導要領、民具の活用、地域教材

生活世界からの学び

小学校での学びの経験が、人格やアイデンティティの形成、帰属意識の醸成において決定的な影響力を持つことは、誰しもが経験的に思いあたることであろう。低学年は身の回りの瑣末な現象や些細なできごとにキラキラした発見があり、中学年は仲間意識や地域コミュニティにおけるみずからの位置を知り、高学年は全国的な視野や歴史など抽象的な思考を獲得していく。その学びのフィールドこそが、いずれ「地元」と呼ぶようになる生活世界である。

民具ということばは馴染みがなくとも、小学生の学びのなかで身体の延長にあり、また身体の脆弱さを補強したり、あるいは能力を拡張したりするさまざまな道具との関わりは、国語や理科、社会、

音楽、体育、家庭、図工の教科書の各所に登場する。また、時間の経過とともにものが変化したり、廃れたり、発展したりするといった歴史的な思考も、ものへのまなざしから学ぶことがらである。そして近年は、人と話したり、取材したことを自分のことばでまとめたり、それを編集して地域を表現したりする学習活動も、総合での地域調査の重要な方法である。そこでは、ものが祖父母や地域の職業人といった特定の人物と不可分に存在しており、道具やものが記憶や言説を担うメディアとなることも、児童は感覚的に知っていくであろう。そうした各教科で取り組む活動はまさに民俗誌的思考であり、民具学的分析力と結びついている。児童の内面においては、今を生きる自分が過去の暮らしとの連続性を持っているという想像力が、「世界」の拡大の基盤となるはずである。

学校教育における民具の活用は、いわゆる昔の暮らし学習の実物資料、人々の知恵と技術の表現としての道具、昔話を具体的にイメージさせる小道具にとどまらない。むしろ、創造的な活動の資源として、また地域調べを通じた歴史叙述の手がかりとして、また民俗誌記述を通じた地域理解のためのトリガーとして、新たな意義を持ち始めている。ところが、いまだに多くの地域博物館が、四半世紀前から実践してきた、民具を教材とした昔の道具調べや体験学習メニューの継続にとどまっている。二〇二〇（令和二）年度よりスタートした新学習指導要領の学力観は、よりアクティヴで創造的な学びの段階へ移行している。ここでは、こうした動向を見据えながら、民具コレクションの「地域教材」としての新たな側面を提案してみよう。

学校教育における民具の活用

地域博物館や民具コレクションの学校教育における活用を考える際に、学習指導要領の一九九八〈平成一〇〉年改訂は極めて大きな転換点であった。知識中心の授業から問題解決的な学習や体験的な活動を組み入れる点と、教師中心の授業から子ども一人ひとりがみずから学習課題を設定する問題解決的な活動の工夫が求められた。実体験にもとづくリアリティーを付与するのみならず、自己実現や個性的な教養を身につけるための基盤づくりに、体験的な学びが重視され、学校教育と地域博物館との連携が求められたのであった。

一九九八〈平成一〇〉年改訂では、子どもの内発的な学習意欲を喚起し、みずから学ぶ意欲や思考力、判断力、表現力などの資質や能力の育成を基本とする学力観、総じて「生きる力」と呼ばれる学力観が、学びの土台と位置づけられた。具体的には、社会事象に対して、「主体的にかかわる」問題意識を育むため、学習の素材を子どもの身近なところから発掘し、教材化すること、観察や見学、調査、表現などの具体的な学習活動を組み入れることが重視された。身近で具体的なものから一般化したり、抽象化したりする思考を促すことが重要視されたのである。

こうした学力観の転換から、教科書の内容をいかに効率的に教え込むかということを中心に教材研究されてきた傾向から、地域の素材を教材化したり職業人を活用したりするなど教材の開発に努めることが現場の教員に求められるようになった。地域社会の場を「教室」として見立て、さまざまな人たちや施設、設備などと関わりながら学ぶことができるよう、体験的な活動を工夫することが求められるようになり、ここに郷土資料館や地域博物館との連携の必要性が生まれたのである。

一九九〇年代は各博物館において学校団体向けの昔の暮らし体験メニューや、関連展示を冬期に開催して博学連携を進めることが広く受け入れられ、現在にいたるまで民俗分野の重要な活動のひとつとなっている。そのことは地域住民の博物館活動への参加の機会ともなり、民具コレクションの活用の主要な手だてのひとつともなった。さらに体験学習を念頭において新たに資料収集をしたり、資料となる民具と教材とする民具を使い分けたりするなど、民具コレクションのあつかいそのものとも深く関わる転換であった。

生きる力と地域学習

二〇〇八(平成二〇)年改訂では、当時叫ばれていた「知識基盤社会」の到来を見据えて、グローバル化や国際感覚、異文化理解の基盤となる「確かな学力・豊かな心・健やかな体の調和」を重視する、「生きる力」のバージョンアップが図られた。地域博物館と学校教育との関わりは、わたしから見れば停滞的であった。というのも、一九八九(平成元)年からの一〇年で進んだ昔の暮らし学習の体験メニューや六年生の歴史学習の一環での展示解説などが、地域博物館の活動としてルーティーン化していたからである。学習指導要領における地域博物館へのニーズが変化してきているにもかかわらず、博物館側は新たなカリキュラムとの関係の検討を怠り、再生産に陥っているばかりでなくその内容も陳腐化していたのである。

近年は、大学における実習や演習科目のみならず、カリキュラム全体においてアクティブ・ラーニングの導入が声高に叫ばれている。こうした学びにおいては経験主義的な学びやプロジェクトベースの学習、インクルーシブ教育、多様性の尊重、チームビルディングによる研究のコミュニティ形成などが重視されている。調査や収集した情報を整理するだけでなく、それをもとに何か別の表現と制作をともなって表現することで、他者に伝達し共有するというプロセスは、学修者の意欲向上や動機づけのみならず、コミュニケーション力や企画力、コーディネート力、表現力を育むとされる。

二〇二〇（令和二）年改訂の小学校新学習指導要領には、二〇一〇年代のさまざまな社会情勢や価値観の転換が反映されている。たとえば、プログラミング教育や理数教育における観察実験による探究的な学習活動、外国語教育や国語の言語能力育成などのコミュニケーション能力の重視、主権者教育、消費者教育、キャリア教育、国土に関する教育など社会参加や他者との協働、文化的多様性の尊重などの要素が強化されている。

また伝統や文化に関する部分はこれまで以上に教科を超えて結びつけられ、文化財や生活文化を教材として活用する動きは加速するであろう。一方で、学びかたの部分では主体的・対話的で深い学び、いわゆるアクティブ・ラーニングが本格的に導入され、課題発見、発想の転換や共有、知識・技能と思考・表現を結びつけた広い意味での人文的な能力の育成が求められている。

ここでは、新学習指導要領の改訂を、民具の学校教育における活用の重要な転換点と位置づけた上で、ひとつのモデルとして学習活動のいくつかの実践を紹介する。事例としては極めて実験的で、丹念に時間をかけて作り上げたもので、どの学校でも応用可能なものとは思わない。すべての学校に共通のコンテンツを提供することよりも、各自、各クラス、各学年がオリジナルな活動を生み出すためには、知識教示型からファシリテーションを重視する促進型への移行が求められる。

児童と大学生による地域調べ

ここで紹介する事例は、石巻市立鮎川小学校（宮城県石巻市鮎川浜）での実践である。東日本大震災からの復興過程にある鮎川において、民俗学者であるわたしと大学生、そして小学生とで地域調べ活動に取り組んだ。子どもたちのアイデアと想像力によって「かたち」にし、地域住民と共有する取り組みからは、民俗学者のまなざしや大学生の地域理解とは位相の異なる地域像を提示できる可能性がある。

その成果の「かたち」は、もちろん論文ではない。壁新聞や学校演劇、展示、ゲームといった「かたち」で表現される、子どもたちが見た鮎川である。それをおとなたちが見て、「あの子たちにはこう見えているのね」とことばを漏らしたら、その企画は大成功であろう。

東日本大震災以降の石巻市鮎川での一連の「復興キュレーション」のなかで、二〇一七（平成二九）年度からコロナ禍に入る二〇一九（令和元）年度までの三年間、わたしたちは鮎川小学校での民具や民俗調査データを用いた活動を行ったが、その発端はある教師のこんな一言からであった。

鮎川というところは独特な文化のあるところで、地域学習でいろいろと知ってもらいたいと思っているんですけど、今の児童たちは一年生は六歳、六年生でも一二歳、震災から七年目（当時）、ということは震災前の町のことをほとんど知らないんですよね。ふるさとが更地と工事現場ですから。こういう子どもたちが、地域学習でいろいろな話を聞いて、なるほどという顔をしてくれるんですけど、ほとんどイメージできていないんじゃないかと思うんです。（四〇代、男性教師）

そこから、まず小学生と大学生がチームとなって、老人ホームやデイサービスを中心に聞書きを進めたのである。聞書きで語られた個々のエピソードは、教室に戻ってからその内容について議論し、参加者が徐々に地域の暮らしの移り変わりのイメージを持っていくのである。

その素材となるのは、近年学校教員が「地域教材」と呼ぶ、学習活動に活用し得る地域の歴史・民俗・自然のさまざまな資料である。

以下、児童と学生との共同作業によるいくつかの地域調べ活動を紹介する。

壁新聞でたがやせ！：地域調べ学習「昔のくらし新聞」

事前学習として小学生と大学生が二人一組となって子どもが知りたいことを挙げておく。それにもとづき、老人ホームやデイサービスで聞書きを行う。聞いたデータを共有し、そこから地域らしさや人々の思いについて議論をする。それをもとに、一人ひとりが文章にまとめ、国語科の単元において

壁新聞による成果発表

学校演劇公演による成果発表

「アユイロ」展ポスター

壁新聞を作成し、交流拠点として整備された石巻市復興まちづくり情報交流館・牡鹿館で掲示した。

学芸会でたがやせ！：学校演劇公演「おしか昔がたり・さるの人まね」

柳田國男が指導的な役割を果たした戦前の雑誌『旅と伝説』一九三〇（昭和五）年五月号には、民俗研究家の中道等による「牡鹿半島の昔話」が掲載されている。土地のいわれや地名の由来などの断片の報告である本書をもとに、子どもたちが聞書きを行い、集めたエピソードをつないで演劇の脚本を作成した。動物との関わりを主題とした演目で、学芸会と老人ホームでの公演を行い、地域の多くの人に見てもらった。

展覧会でたがやせ！：子ども企画展「アユイロ」

小学校の教室や倉庫に埋もれた文化財を探索する「アユショウ・トレジャー」は、学芸員の民具調査と同じように台帳作成と調査研究を経て、校内の多目的ルームを会場に授業参観日に展示された。クジラの胎児の標本から、今は駆除によって絶滅したヤマイヌの頭骨、小学校を訪れた芸術家と制作した作品、土井晩翠が作詞した校歌の扁額、運動会で万国旗のように運動場に飾るため学区内の各戸から持ち寄られた一〇〇枚以上の大漁旗、津波被害で破損してのちに修復された芸能用太鼓など、展示を通じて学校の歴史と地域文化を再認識した。

ゲームでたがやせ！：カードゲーム「MINGUバトル・カード」

被災民具をもとに小学生と大学生が老人ホームで聞書きを行い、民具を見て思い出される暮らしのエピソードをまとめる活動。それを対戦カードに仕立ててゲームにしたもの。カードの属性や点数配分など、心理戦でしのぎを削るような、エキサイティングなゲームとなり、また民具についても知ることができる。

地域芸能でたがやせ!:七福神舞のヒミツ

第二次世界大戦からの復興期、地域の女性たちが観光客に披露する芸能を生み出した。牡鹿半島らしい芸能として田代島の大黒舞をアレンジして七福神全員が活躍する地域芸能、七福神舞である。東日本大震災後、子どもたちに地域に愛着を持ってもらいたいとして、子ども七福神舞が始まり、鮎川小学校ではすでに伝統化しつつある。現在これに取り組む児童が、婦人会の七福神舞の「レジェンド」たちに各時代の様子や芸能への思いをインタビューし、展示にまとめる活動を行い、子どもたちは自分たちにとって芸能を演じる意味について考える契機となった。子ども七福神舞は牡鹿鯨まつりと学芸会で披露されている。

現代の食文化調べ

東日本大震災後の地域社会の復興においては、地域で行う年中行事や、寺社で行う祭祀や祭礼、民俗芸能などの無形の民俗文化が、地域住民の結束や離散した住民との交流の重要な場となったことはよく知られている。行事では直会などの席で昔から作られてきた行事食が振る舞われ、それを食する交流だけでなく、その食事を用意する共同調理の場でのおしゃべりも女性たちの楽しみともなった。すべての地域住民がそうしたものに関わるわけではないが、メディアはもちろん、地域でのフィールドワークや調査研究においても重要なトピックとして取り上げられてきたのである。

二〇二〇(令和二)年度は、大学でもコロナ禍の影響でほとんどの授業がオンライン授業となり、大学生が現地に赴いて小学生と活動することはできなかった。そのため、小学校の三・四年生の複式学級の担任の先生から、「一緒に住んでいる家族から、昔の台所の話や食事の話を聞いてくるように」と児童に課題を出してもらった。それをオンライン・ワークショップで発表してもらい、大学生との対話のなかでより深掘りして調べるトピックを選定し、児童がもう一度家族に聞書きをするのである。こうしたかたちでさまざまな食文化のデータを得ることができ、児童はそれを最終的に国語科の課題のなかで壁新聞にした。壁新聞は、復興まちづくり情報交流館・牡鹿館で掲示され、買い物ついでに立ち寄る地域住民が楽しんだのである。

牡鹿半島の現代の食事も、東京の大学生には興味深いものであった。たとえば、児童の母親が作るカレーライスのレシピを挙げていくと、「玉ねぎ、ニンジン、ジャガイモ、クジラ…」と続く。大学生は「え?、牛肉や豚肉、鶏肉じゃないの?」と聞くと、「クジラがないときは牛肉」という。この地域のどの家庭でもカレーにクジラを入れるわけではないが、もう一度児童に聞書きをしてきてもらうと、「おじいさんが捕鯨船で食べた料理で懐かしくて好きだから作るようになった」という。赤肉だけでなく、シーズンに手に入るスジ肉を使ったカレーライスだというが、そのクジラ・カレーは南氷洋捕鯨の母船で仲間と食べた思い出レシピだったのである。

天ぷらの作り方を聞いてきた児童が「まず、衣を作るために小麦粉をビールで溶きます…」という。大学生がどうしてビールを使うか聞いてみようと提案すると、「天ぷらでは海のものも山のものも両方使うから、クセやアクが強い材料も美味しくなるのと、衣がふくらむから」という母親の答えだっ

© おおやまなつね

た。海のものも山のものも一度に食べるレシピが天ぷらだというのは、平地のほとんどない半島ならではの説明であった。

また、春の定番料理として「わかめしゃぶしゃぶ」を、ほぼすべての児童が挙げた。生わかめは市場にあまり流通しないが、朝採れのワカメやメカブを鍋で沸かした出汁にくぐらせると、一瞬にして黒っぽいワカメが鮮やかな緑色に発色する。これを自家製のポン酢やゴマだれなどで食べるのである。現代の食卓にも、牡鹿半島らしさがあらわれている。

学びのツールとしての民具

学校教育においては、地域の民具コレクションをよりアクティヴな学びのツールとして活用するために、根本的な発想の転換が必要である。学校教育において、文化財や博物館コレクションを含む地域での学びに資する資料（もの）や情報（こと）を「地域教材」と称する。今後、地域博物館の所蔵資料に期待されるのは体験学習のための道具や、資料館見学で実物を見るといった図鑑的な利用にとどまらない。

学びのプロセスをより動的なものとするため、東日本大震災の被災地での活動において、わたしたちは座学や体験学習のみならず、ゲーム、演劇、展示、ワークショップ、インスタレーションといった手法を積極的に導入した。そこでは、児童らはさまざまな取材、編集、議論を経た地域理解を、上記の手法によって表現することが求められ、その表現の先には必ずオーディエンスや観覧者、対話の相手が存在する。こうした活動のなかで民具がどのような役割を持ち得るか、単なる昔の暮らし体験の道具を超えた民具活用の可能性を探ることは、地域博物館における資料観の拡張やずらしにつながる契機をはらんでいる。

これは被災地での実践例であり、特に人口流出が進むなかでの少人数学級、複数の学年がともに学ぶ複式学級という特殊性がある。しかし、民具などの「地域教材」を、これまでのような社会科の参考資料での利用にとどまらず、壁新聞づくりで国語科と結びつけ、演劇の舞台づくりで図画工作と結びつけ、食文化調べを家庭科と結びつけ、学芸会や授業参観などの学校活動を舞台として発表することなどを通じて、その活用の幅は広げられる。生活文化や地域文化は、すべての教科に関わる内容を持っているからである。

加えてこれらの活動では、地域住民や地域の福祉施設、商工会、企業などの協力が不可欠であった。公教育の学校を舞台に、関与する地域住民にとっても学びや地域への関わりを実感できる活動が活発になるには、どのような仕組みが必要だろうか。実践を通じて考え続けていきたいテーマである。

キュレーターズ・マインド覚醒

Keywords：解釈、省察、キュレーターズ・マインド、地域博物館

キュレーターズ・マインドを装備する

美術館や博物館の学芸員に特有なマインドを、キュレーターズ・マインドと呼んでみよう。それは次の五つの身体的な感覚によって獲得されるとわたしは考えている。

・あるテーマを軸に背景の異なるものをひとつに集める「澄んだ眼」（キュレーション）
・ものの観察によって本質を見極める「やわらかな思考」（熟覧）
・物語を表現する空間に溶け込む「ナイーブな身体」（展示）
・ものをあつかう「やさしい手」（資料のあつかい）
・作品や資料の魅力をシェアする「語り出す声」（ワークショップ）

大学の学芸員課程での学びは、学芸員のスキルを科目に振り分けて網羅するかたちで人材育成する。二〇一二（平成二四）年以降は、生涯学習概論と博物館概論でミュージアムの学び全体を俯瞰しつつ、博物館経営論、博物館資料論、博物館資料保存論、博物館展示論、博物館情報・メディア論、博物館教育論を履修し、学内実習と館園実習、見学実習によって実践的な手の技術を学ぶカリキュラムとなっている。それに加えて、平素から博物館や美術館に親しみ、そこで人と人、人ともの、ものとものあいだでどんなことが起こっているのかを、つぶさに観察するようなまなざしが不可欠である。

ものと対峙する学芸員は、その都度ものから多くのことを学んでいる。現在の学芸員養成や博物館の現場ではそうした感情やものへ抱く情動、ものがトリガーとなって発動する感性などは、展示においても博物館活動においても学芸員の個性や展覧会企画の過程のエピソードに囲い込まれている。しかし、学芸員にとってものの声を聞くような感受性は、職業人としての資質に大きく関わるものでもある。

学芸員の調査法として「熟覧」というものがある。これは収蔵されている資料を閲覧し、詳細に観察することである。展覧会の企画の過程で、数多くの熟覧を行い、また資料の貸借時にも互いに立ち会ってコンディションチェックのための熟覧をする。こうして養われる感性は、学芸員独特な学び方である。自分自身の目で見たり、自分の手でものから得たりした情報は、決して忘れることがない。そうして蓄積した知識が、キュレーションの種となる。学芸員は「ものの物性と存在と対峙し自己を問う対話者」なのである。そして、展示においては、学芸員は「ものと観覧者のあいだで交わされる交渉の記述者」でなければならない。どんな展覧会においても、展示資料と対峙しつつ、展示資料と観覧者のあいだで起こることを観察しなければならない。

職業的な学芸員も、学芸員課程などでミュージアムについての学びをした経験のある人も、キュレーターズ・マインドを心身に装備することは、あらゆる文化活動の基盤となる。職業的な学芸員は、それをもとにコーディネート、ファシリテートする役割を担うであろうし、ミュージアムについて学んだ人は、ミュージアムのコラボレーション相手として社会参画し、創造的な活動で役割を持つことに躊躇しないであろう。

博物館と現代社会

わたしたちはどこへ向かっていくのか…。現代の人文学は、近代社会の行き詰まりの現状に対して、現代テクノロジーと人間の関係を再考する新しい社会像を模索している。環境破壊や気候変動、終わることのない紛争や戦争、感染症の世界的な流行など、人間が生存の危機に直面しつつあることが実感されるなか、わたしたちはかつてないほど、人間の存在について問いを見出すことが求められている。

学芸員は、学術・科学、芸術と市民とをつなぐ媒介者であると同時に、実物資料の意味ある収集と分類によって、「ものをして語らせる」ことで資料・作品と市民とのあいだの対話を取り持つ媒介者でもある。また、学術・科学の最新動向と、ローカルな価値や地域課題とを結びつける媒介者でもある。ものと人、情報ともの、情報と人、人と人などの関係を、複合的に媒介するのが学芸員である。

学芸員は博物館法に位置づけられた職種である。学芸員と名乗るためには、施設としての博物館に専門職として採用される必要があり、現場の博物館だけでなく文化財保護行政の現場でも学芸員が仕事をしている。ここで言う博物館とは、一般的な博物館ということばよりも広い。日本では博物館と言えば、歴史博物館をイメージするが、博物館法が対象とする博物館はより広範なものを指す。

わかりやすいのは、小中学校の各教科に博物館があると考えてみることである。社会科に対応するのは、歴史博物館、民俗博物館、遺跡博物館など、歴史系の博物館と、異文化理解を促す民族学博物館である。理科に対応するものには、自然史博物館、科学館、天文台、動物園、植物園、水族館など理系の博物館である。美術あるいは図工には、もちろん美術館がすぐに思い浮かぶが、工芸博物館やアートセンターなどもある。国語には文学館、体育にはスポーツ博物館や有名選手の記念館、家庭科には服飾博物館や民家集落博物館、音楽には楽器博物館や作曲家の記念館などがあり、これらすべてを博物館という名称の範疇に含めるのである。そのあらゆる博物館で働くのが学芸員である。広義の博物館を指すことばとしては、英語のミュージアムと言うしかないが、法律上はすべてが博物館である。

一方、施設に所属せず、博物館活動を行うインディペンデントな学芸員や、ミュージアムのスキルを使って企業の文化活動やまちづくりのコーディネーターとして働く者などもいる。さらに言えば、職業にはつかずとも国家資格としての博物館学芸員の資格を取得した者は、キュレーターとしての素養を持つ。ミュージアムのスキルを使って何かの活動に従事する者を、ここでは広い意味でキュレーターと呼ぶが、そうした人々は特定の施設に活動の場や範囲を限定されず、広く社会の諸アクターとコラボレーションしながら、文化・芸術の媒介者となり得る。

現在の大学の学芸員課程のカリキュラムは、施設としての博物館の学芸員の仕事に即応するスキルで科目構成されているが、生涯学習概論だけは、教職や社会教育主事、司書の資格課程にも位置づけられているから、それを学ぶことは広い意味でのキュレーターの社会的役割について考える機会でもある。

地域博物館の時代

今ではあたりまえのようにとらえられている「市民にひらかれた博物館」という考えは、もともと伊藤寿朗『市民のなかの博物館』(吉川弘文館、一九九三年)で提唱された市民参画型博物館が普及したものであった。いわゆる「地域博物館」論として議論されてきたものであり、日本での博物館誕生から第三世代の博物館として提示された概念である。その要点は、「価値創造的なコミュニケーション空間の創出」「市民が自分で自分の学習を発展させていく力量・自己教育力の形成」「パートナーシップ構築による博物館施設と地域住民との協働」の三点にある。

この議論は、従来の陳列館的で静的な施設(第一世代)のイメージから脱却し、参加体験型イベントを提供する交流の場としての博物館(第二世代)をステップとし、最終的に市民が主体的に博物館にアクセスする創造的でアクティヴな博物館（第三世代）への移行を遂げるというものであった。

地域博物館は、こうした各専門領域ごとの科学的成果を否定しない。（中略）逆に、地域課題を軸とした迫り方、再編成、その総合性のなかに、新しい価値を発見していくという方法的逆転である。すなわち、専門領域ごとに個別細分化され、抽象化される過程で捨象される、規定性や媒介性という、相互の関係性に価値を見いだしていく観点である。したがって、自然科学の領域と人文・社会科学の領域の、地域課題に即した総合化は、地域博物館の条件とすらなってきている。

（伊藤寿朗『市民のなかの博物館』吉川弘文館、一九九三年、一五九頁）

博物館の学芸員は分野ごとに専門化されており、相互の協働に乏しく、ましてや文理融合的な活動の機会を作りにくい。これは学問の専門化の宿命ではあるが、それを再び地域において、住民の生活において、統合するのが地域博物館論の可能性であった。そこに地域の学びの愉しさがあり、そして何より身近で切実な地域課題に結びついている。

こうした第三世代博物館の理想と同様、博物館を単なる知識普及の施設としてではなく住民の対話を作り出す場としてとらえ直そうという考え方がある。一九七〇年代初頭にダンカン・キャメロンが提示し、日本には博物館人類学者の吉田憲司が広く紹介した、「フォーラムとしての博物館」である。旧来の博物館をテンプルとしての博物館、すなわち人々が宝物を崇める神殿のような場所であったとして、その権力性を批判した上で、これからの博物館をフォーラムとしての博物館、すなわち情報のよりどころ、交流の場となる結節点、あるいは広場のような場所として、より創造的で実践的な空間を目指す。文化を研究し記述する者と、文化を自身の生活や人生において実践する者と、博物館の来訪者として学ぶ者が、ともに営むのが「フォーラムとしての博物館」である。そして現代社会に遍在する差別や抑圧、貧困や不平等、環境問題、紛争・戦争などに端を発するさまざまな社会問題についての対話を促す装置として、博物館を転換すべきと問題提起している。

近年、地域博物館の多くは、予算削減や人員整理、対費用効果と入館者数に偏重した事業評価などの経営的な問題に直面している。運営体制のスリム化や経費節減と、展覧会を含む教育普及活動の充実という、相反する課題に取り組む必要に迫られており、その負担は学芸員にのしかかっている。またいくつかの都道府県においては、博物館の整理統合や指定管理者への運営委託なども現実に進んできており、もはや地域博物館の学芸員は、腰を据えて調査研究に携わることは困難な状況である。しかし、地域博物館の学芸員は、愚痴をこぼしてばかりいるのではない。近年は各館が本来的に地域のために果たす責務は何であるのかを、もう一度見つめ直そうというミッションの再確認、調査研究の軸ともなる資料収集方針（コレクション・ポリシー）の策定などの動きが広まっている。それに応じて、学芸員の調査研究を含む学芸活動も大きく様変わりしてきており、今後もそれは加速していくと思われる。

活動が連携を促す

民俗学が研究してきた生活や地域文化は、単に観光資源として活用するだけでは、本当の意味で生きた民俗文化として人々にとって意味あるものにはならない。生活や地域文化が、現代社会のなかでパブリックに活かされるためには、学芸員やデザイナー、エディターなどのマインドを持った専門家と市民との協働が不可欠である。身近な地域文化がどんなに魅力的でも、個別バラバラの状態ではまちづくりやより良い生活のための素材とはならない。「もの」に対する「こと」のデザインでコーディネートする専門家が、それを橋渡しし得るからである。

そこで重要なのは、文化資源を材料として、ともに活動したり考えたりする機会や場、仕組みを生み出すアイデアと企画・運営である。そうしたキュレーションの専門家が学芸員であることは言うまでもない。学芸員がパブリック・フォークロアを推進するためには、みずからのコーディネート力やファシリテート力を高めるのみならず、ワークショップや専門家や在野の地域活動の現場の人々と、柔軟にコラボレーションすることが不可欠である。

現代において、生活や地域文化の魅力を掘り起こして活かす役割を果たすのは、研究者としての民俗学者や、地域博物館の学芸員にとどまらない。文化資源を活かしたまちづくりのグッドプラクティス（参考となる実践例）には、それまでなかった公共空間を生み出す、バイタリティあるキー・パーソンが存在するものである。そうした人物は必ずしも職業的な学芸員ではなく、ふつうの商店主や農家、漁師であったり、地元企業であったり、アーティストや作家であったり、学生のグループであったりするのである。

伊藤寿朗の第三世代博物館論の骨格を成す概念である地域博物館は、市民参画を促し価値創造的で実践的な公共空間として構想されたものであった。しかしこれが提示されてからすでにおよそ三〇年以上が経過した現在、「地域博物館」は陳腐化し、博物館は目標を失っている。三〇年は、歴史研究においてはひと世代の単位とされる。理想像が三〇年も変化しないという状況は、その理想に対する議論がひと世代分も不在であったことを意味する。

「古典的」な学芸員、すなわち地道な調査研究によって資料を収集し展示する博物館の専門職員ももちろん必要である。そうしたスタンスでの仕事に加え、地域研究の水先案内人であり、コレクションの学術的意義や歴史的価値の提案者として、それらを地域社会にパブリックに開いていく活動も求められている。そこにミュージアムにおける、パブリック・フォークロアの意義を見出すことができる。

現代のミュージアムは、生活文化や地域文化をとらえ直し、よりアクティヴに、よりクリエイティヴに、よりパフォーマンスを重視し、よりシェアラブルな方法で活用していくためのキュレーションを鍛錬していかなければならない。そのためには、学芸員がいかに博物館活動をパブリックなものにシフトしていけるかについて、より意識しながら実践していくことが求められている。学芸員による長年の研究成果を発表する展示も大切にしつつ、近い将来は展示や博物館活動がどのようなコラボレーションやタイアップによって営まれたかを、学芸員活動のひとつの評価軸とするような視点が強く求められるようになるであろう。

地域やコミュニティを土台とすると、歴史学と民俗学、あるいは地理学、考古学、文学、宗教学、社会学といったあらゆる学問が手をたずさえる可能性が生まれる。市民はそれらすべての方法や成果を、わたしたちの歴史を描く実践、ドゥーイング・ヒストリーのために最大限に使っていくことができる。こうして描き出すわたしたちの歴史を、日本では文化財や歴史保存、地域の観光振興、学校教育での地域学習などに活かすことがイメージされやすいが、今後は医療や福祉、文化政策、伝統産業、歴史保存などコミュニティの社会的向上に広く文化を応用していくこともできよう。

ＩＣＯＭの博物館の定義の更新

近年、博物館をめぐる、二つの大きな変革が起こっている。ひとつは、博物館そのものの定義の更新である。二〇二二年に開催されたＩＣＯＭ（国際博物館会議）プラハ大会では、これまで長年にわたって議論されてきた新しい博物館定義が公表された。それは以下の通りである。

博物館は、有形及び無形の遺産を研究、収集、保存、解釈、展示する、社会のための非営利の常設機関である。博物館は一般に公開され、誰もが利用でき、包摂的であって、多様性と持続可能性を育む。倫理的かつ専門性をもってコミュニケーションを図り、コミュニティの参加とともに博物館は活動し、教育、愉しみ、省察と知識共有のための様々な経験を提供する。

（ＩＣＯＭ日本委員会による日本語確定訳文）

A museum is a not-for-profit, permanent institution in the service of society that researches, collects, conserves, interprets and exhibits tangible and intangible heritage. Open to the public, accessible and inclusive, museums foster diversity and sustainability. They operate and communicate ethically, professionally and with the participation of communities, offering varied experiences for education, enjoyment, reflection and knowledge sharing.

（ＩＣＯＭプラハ大会で採択された定義の英文）

ポイントは、「解釈（interprets）」、「省察（reflection）」という文言の追加である。これからの時代の博物館は、インタープリターとしての役割を担っていくのである。文字通り訳せば〝翻訳〟であるが、日本語の翻訳が単にことばをある言語から別の言語に置き換える意味しか持たないのに対して、ミュージアムの世界や人文学における〝翻訳〟には、その言語における解釈のもと、別の言語として表現するという積極的な意味を含む。それゆえ一九八〇年代以降問題となってきたのは、欧米の研究者や文学者が、とりわけかつて未開社会と位置づけられた異文化について記述したり紹介したりする際に、植民地主義的なまなざしが介在してしまったのではないかという批判であった。

また、誰かの文化を、研究者がその人々になり代わって描く行為（表象）は、描かれる側の人々の「声」を奪うことに等しい。こうした文化を「書く」ことの権力性への告発は、ジェイムズ・クリフォードらの『文化を書く』（春日直樹ほか訳、紀伊國屋書店、一九九六年）による批判に象徴されるため、書名をもじって「ライティング・カルチャー・ショック」などとも呼ばれた。これは博物館の権力性の問題にも派生し、ニュー・ミュージオロジーという議論に発展した。

ニュー・ミュージオロジーの重要な問いは、博物館が異文化や歴史を一方的に書く行為が、ほかの誰かを抑圧しているのではないか、そしてその抑圧そのもの、つまり潜在的であること自体が、差別が隠蔽されている証拠ではないか、というのである。コレクションと展示というかたちで、そうした歴史を背負っている博物館は、こうした問題に向き合わなければならないという議論である。

ＩＣＯＭの博物館の定義に、この翻訳をめぐる問題が「解釈」として導入されたことは、すべての学芸員の仕事に対する考え方を根本から見直す契機となり、その議論とさまざまな実験や実践が現在も続けられている。「解釈」は、博物館の最前線の問題なのである。

「省察」は、見聞きしたことがブーメランのように自分に帰ってきて「常識」を揺さぶる再帰性と結びついている。再帰的に問いを深める思考法は、博物館においても重要性を増している。過去や現在を省みて、自分たちがとらわれている「常識」を疑い、問いを深めて実践していく拠点として、博物館が位置づけられているのである。

博物館法改正による機能強化

近年の博物館をめぐるもうひとつの大きなトピックは、二〇二二（令和四）年の第二〇八回国会（通常国会）で可決された、博物館法の一部を改正する法律である。その内容は、博物館が行う事業に次のものが追加されたことであり、いわば博物館活動と社会をつなぐための機能強化である。

・博物館資料に係る電磁的記録を作成（デジタル・アーカイヴ化）し、公開すること
・学芸員その他の博物館の事業に従事する人材の養成・研修を行うこと
・博物館は、他の博物館等との間において、資料の相互貸借、職員の交流、刊行物や情報の交換等の活動を通じ、相互連携を図りながら協力するよう努める
・博物館は、その事業の成果を活用するとともに、地方公共団体、学校、社会教育施設等の関係機関や民間団体と相互連携を図りながら協力し、地域における教育、学術・文化の振興、文化観光等の活動の推進を図り、もって地域の活力の向上に寄与するよう努める

一点目のデジタル化は、従来から行われてきたことであるが、博物館の、特にコレクション情報の電子公開である。資料の高精細画像を含む、コレクション情報の公開は、博物館活動の透明性だけでなく、その活用の幅を大幅に広げることに資する。欧米では、博物館のコレクション形成やその維持に税金が使われている以上、市民はそれに平等にアクセスできなければならないという意識も高い。日本でも、この分野は今後飛躍的に進展していくことであろう。

二点目の人材育成は、それまで学芸員の人材育成は、先輩学芸員から新人学芸員への徒弟制的な教

育と経験主義に頼っていた。もちろん学芸員の手先の技術は経験がものを言う世界であるが、学芸員だけでなく、教育普及、広報、マネージメント、保存などあらゆる分野において専門性を背景にした教育が必要であり、そのための体制を作っていくことが課題である。

三点目と四点目は、コラボレーションの活性化である。博物館同士の連携をより強化し、また地域住民や民間企業も、博物館のパートナーとして、役割を果たしていく。まさに地域総がかりで、文化・芸術、科学を盛り上げていき、市民に親しまれる博物館づくりを目指そうというメッセージである。

これから求められる博物館像

ＩＣＯＭの博物館の定義の更新と、博物館法における機能強化の法改正から、どんな博物館像を描いていくかが、今後一〇～二〇年の日本の博物館の課題である。

これから求められるのは、スタンド・アローンな博物館（Stand-alone Museum）からネットワークの博物館（Museum Networking）へという移行である。専門職員による調査研究をもとに行う博物館活動が自館で完結する「孤立無援状態のなか学芸員が頑張る博物館」から、専門職員による調査研究と市民による実践的な活動がともに生きる、いわば「みんなのアイデアを結集する博物館」を目指していかなければならない。

このネットワークの博物館の論点は、次の四点にある。

© おおやまなつね

・協働の促進（展覧会企画）
・リソースの共有（博物館資料）
・担い手の多様化（住民参加・地域連携）
・活動の場所の解放（アウトリーチ）

展示企画においては、企画テーマに関わるさまざまな主体が企画段階から参画し、それぞれのアイデアや考え方を取り込みながらコンセプトを作っていくような協働を促進していくことが求められる。次に、博物館資料、コレクションにおいては、リソースの共有として、デジタル技術も活用しながら、市民がコレクション情報にアクセスできるような体制作りについて、学芸員のパブリックな意識の醸成によってさまざまな工夫が発想できるであろう。三つ目の担い手の多様化は、博物館活動への住民参加や、地域の複数の施設の連携、民間企業や団体との連携など、さまざまな形態があり得る。最後に活動の場所の解放は、博物館活動を博物館の館内や敷地内に限定せず、アウトリーチ活動としてさまざまな場所へ出向くことによって、地域に博物館活動を開いていくことができる。地域内の、より市民に親しまれる場所にサテライト拠点を作り、展示やワークショップの場としていくことも、今後促進されていくであろう。

そこから、この三〇年の社会変化を踏まえ、ネットワークの博物館の具体像として、以下のようなイメージを持つことができる。

〈つながりの〉博物館…学問的関心と地域住民の関心の接続
〈かかわりの〉博物館…興味・関心や活動で結びつく人々の活動との協働
〈うごきだす〉博物館…ハコ内での活動とアウトリーチの複合
〈ごちゃまぜな〉博物館…文系・理系の成果を混ぜ合わせる共創
〈おしゃべりな〉博物館…動画配信、SNS、ローカル・メディアによる発信

これから求められる博物館像にあっては、市民の文化的多様性を背景に、その多様な背景の人々のネットワークが求められ、市民の側の努力も求められる。また学芸員の役割も変化していき、企画・調整＝コーディネート、協働の促進＝ファシリテーション、問題発見の力や、熟覧にもとづくものの理解を、さらに磨いていかなければならない。これは人文学の公共性の議論とも、強く結びついている。こうしたことを踏まえると、地域博物館論が本来持っていた議論が、再び重要性を増してくる。つまり、名品・珍品を陳列する博物館から「まなびのセンター」となる地域博物館へ、それがこれから求められ博物館像である。

学ぶわたしのエージェンシー

Keywords：リベラルアーツ、ラーニング・コンパス、リカレント教育

坂本龍一の学びに学ぶ

現代日本を代表するミュージシャン、坂本龍一は、ウェブ雑誌のインタビューで「作曲に音楽の知識は必要ですか？」という質問に対し、こう答えた。

作曲の95%は、過去の遺産を糧にしています。作曲家自身の〝発明〟は、せいぜい1、2%程度で、最大でも5%といったところ。作曲の大部分は過去の作品の引用です。だから、音楽にかんする知識がなかったら、作曲なんかできるはずがない。

（坂本龍一　第3回「音楽」について言いきる、ウェブマガジン「OPENERS」二〇一五年四月八日、

https://openers.jp/lounge/4268 二〇二四年八月二八日閲覧)

これまで存在しなかったような新しい音楽というものは、誰の耳にも受け入れられないものとなってしまう。坂本龍一は自身の音楽のオリジナリティは多く見積もってもせいぜい全体の五%であり、残りの九五%は、あらゆる音楽からの学びに培われたものであり、それは必ずしも公教育における「授業」で得たものばかりではないと言う。世界中のあらゆる場所の、あらゆる時代の音楽から、あるいは現在進行形で生まれている膨大な音楽から、そして音楽以外のものに見出す音楽的な何かから、自分本位で自由に選んだり捨てたりして血肉にしていく。そうしたインフォーマルな学びこそが表現の土台となっていく。

芸術論としては五%に含まれるオリジナリティのひらめきに迫ってみたいが、学びの観点からは九五%の知識に目を向けてみたい。もちろんこれは音楽に限らないことで、人それぞれに自由な、自分本位の学びを続けている。それがものを作る人であれば、その人の作家性に結びついていく。

ビートルズの音楽だって、引用です。黒人音楽、ミュージカルやポピュラー系の音楽、ロックンロール、さまざまな要素がうまくミックスされている。(中略)ぼくはビートルズには、オリジナリティよりも、豊かな蓄積をかんじます。(同)

フォーマルな学びとインフォーマルな学びの狭間で

何かを学ぶということの根幹は、想像力に根ざす愉しいものである。しかし、公教育制度における学校は、社会を生きるための秩序ある規律とセットであるがゆえに、義務教育におけるさまざまな学校の秩序で児童・生徒・学生を拘束する。学年、性別、出席番号、教室、カリキュラムや校則などの管理システム、身体的な時間感覚を無視した時間割と一斉授業の形式、画一的な能力採点といったシステムによって営まれている。こうした、まるで罫紙の表のような格子状の枠で管理できるものは、学校という集団的な学びの空間・時間を秩序立てるものであり、常に身体的、精神的自由との軋轢がある。

わたし自身の中学・高校時代を思い返せば、そうしたものへの馴染みにくさ、息苦しさが、思春期の鬱屈した記憶とセットになっている。自由の余地は、映画館やレンタルビデオで映画を見たり、レコード屋のおっちゃんに教わった洋楽を聴き漁ったり、ラジオのパーソナリティの声に救われたり、SF小説に心酔したりといったところにあったが、その私的な領域は人間性を保持する最後の砦だと思っていたかもしれない。

現代社会は、誰もが生きづらさを抱えて生きている。わたしたちの生活世界においては、「主流にあるもの」と「ヴァナキュラーなもの」の両方を生きなければならず、それらは二項対立ではなく、相互に絡み合っている。「主流にあるもの」と「ヴァナキュラーなもの」は、ときに二律背反となって人々を抑圧するから、その狭間は、人間の生きづらさの生じるところでもある。生きづらさのいくらかは、こうあるべきという規範と、こうありたいという希望など、社会のいたるところにある二重拘束に苛まれることで生じる。

学習指導要領やカリキュラムに位置づけられた学びを、フォーマルな学び（公教育）と呼ぶ。フォーマルな学びは、公的機関から教育の機能と能力を認定された学校等による、カリキュラム、シラバスにもとづいた教育と、卒業認定によって学歴に直接結びつく学びである。それに対し、ノンフォーマルな学びは、公教育、すなわち税金によって営まれる学校教育以外の、企業やＮＧＯ、ＮＰＯなどを主体とした職業技能訓練や雇用準備訓練などを指す。市民の厚生や地域社会の開発などにおける重要な教育形態である。

一方、インフォーマルな学びとは、日常の場で偶発的に発生する学びであり、ＯＥＣＤ（経済協力開発機構）による定義は「仕事、家庭生活、余暇に関連した日常の活動の結果としての学習」であるから、履歴書に学歴として書かれることはない。インフォーマルな学びは、道を求める人格的な学びであるから、文化的な学びは、いわば「インフォーマル求道」である。誰にも学校教育の外側にあるインフォーマルな学びの過程があり、各々の「人文道」を形成してきたはずである。そこには「主流にあるもの」とは異なる価値観や、ジャンルに特有なマニアックなことば、対面的な人とのつながりが存在し、「ヴァナキュラーなもの」の居心地の良さがあった。確かに、学校教育を通じて身につけたフォーマルな学びと、わたし自身の生活や人生と不可分なところで学び得たインフォーマルな学びは、ともにわたしの血肉となってアイデンティティの確立に欠くことのできないものとなる。

学ぶ主体としてのエージェンシー

現代の生涯学習において、改めてリベラルアーツの意義が問われている。本来、リベラルとは先入観や社会通念から自己を解放する自由なこころを意味し、アーツとは人間の技能全般を指す。リベラルアーツにはファインアーツ、すなわち美的に創造する芸術的技能と、ユースフルアーツ、アプライドアーツ、すなわち生活に適用させる実用的技能の両方が含まれる。人文学と社会科学、美術とデザインなど、さまざまなジャンルを想定することができるが、どちらも人生を豊かにし、生活を意味あるものにするための学びに不可欠なものである。学問や専門家の側も、純粋な学問にとどまらず、市民とともに、市民のなかで公共的な視点で研究活動を実践していくことが求められるようになった。人文学においても、市民の足元にある、そして市民のアイデンティティとして心身と一体化した歴史、生活文化、地域文化を、開かれた議論を作りながら広く開いていく時代が到来している。文化の掘り起こしや活用を、行政や専門家のみならず、普通の生活者が自己実現と社会参加によって推進することが、あたりまえのこととなってきているのである。

研究者や学芸員の側には、諸アクターとのコラボレーションを前提としたパブリック・フォークロアの態度が求められるが、そのためには市民の自学にもとづく生涯学習が不可欠である。自学する市民の、より良い学びを支えるものは何か。そのひとつが「学びのエージェンシー」である。二〇一九年、ＯＥＣＤは教育とスキルの未来二〇三〇プロジェクトにおいて「ラーニング・コンパス（学びの羅針盤）」を発表した。ＯＥＣＤとは、欧米諸国、アメリカ、日本などを含む加盟国によって構成される「世界最大のシンクタンク」とも呼ばれるものである。エージェンシーはその中心的な概念であるが、「変化を起こすために、自分で目標を設定し、振り返り、責任をもって行動する能力（the capacity to set a goal, reflect and act responsibly to effect change)」と定義されている。

今、なぜエージェンシーが注目されているか。世界情勢の不安定や気候変動、貧困、感染症などそのほか挙げきれないほどの課題に、わたしたちは直面している。国連は、二〇〇一年にまとめられたミレニアム開発目標（MDGs）を引き継ぎ、二〇一五年には「持続可能な開発目標（SDGs：Sustainable Development Goals)」を中核とする「持続可能な開発のための二〇三〇アジェンダ」を採択した。二〇三〇年までに持続可能でよりよい世界を目指す国際目標であり、一七のゴールと一六九のターゲットから構成されている。地球上の「誰一人取り残さない（leave no one behind)」ことを誓うユニバーサルな目標である。エージェンシーとは「よりよい未来の創造に向けた変革を呼び起こす力」であり、

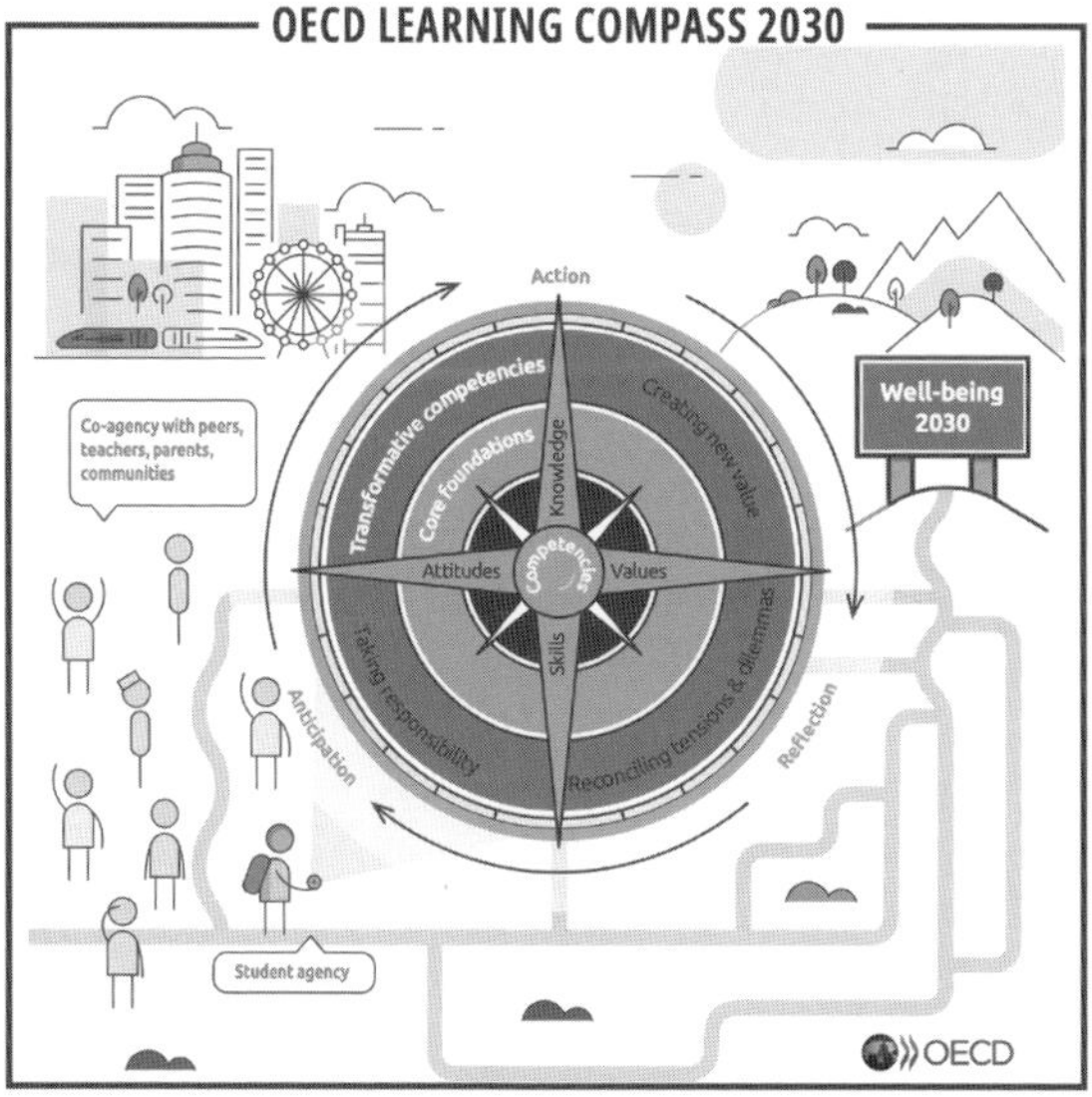

OECD 学びの羅針盤

一人ひとりのなかに宿り、それを発揮させることが生涯学習を含む教育の役割であると言うのである。

学びと仕事との往還によるキャリア形成

近年では大学による社会人の学び直し（リカレント教育）、社会人等の学生以外の者を対象とした一定のまとまりのある学習プログラム（履修証明プログラム）、社会人の職業に必要な能力の向上を図るための実践的・専門的な認定課程（職業実践力育成プログラム）、その他市民向けの公開講座や研究プロジェクトの成果報告、市民参加型の共同研究などが推進されている。こうした教育プログラムの根底にあるのは、学校教育を終えたら労働して人生を終えるという「段階的な人生観」から、学校での修業と社会での労働を交互に繰り返すことで、個人が人生を通じて成長し続けるという「円環的な人生観」への転換である。

大学が提供するプログラムのほかに、ＮＰＯや各種団体などの民間事業者が行う検定試験、企業の社会貢献活動として実施するさまざまな参加型事業なども、現代社会における学びの契機となっている。さらに、家庭や地域の教育力、地域コミュニティの活性化につながる交流機会の創出も、広い意味での生涯学習の充実と結びついている。

たとえ、さまざまな条件の制約や事情から学びの継続が難しくなったとしても、再び別の目的が生じれば大学等に学びの場を求めることができ、またそこで学んだことが次の人生の展開を生み出せば良い。公教育の成績がその後の人生を決定づける学歴社会から、生涯にわたって求める学習機会を得て、自分自身にひとつずつ新たな学びを装備していくような時代に移り変わるなかで、公教育も私教育も、そのさらに周縁にある趣味や遊びにも、すべてに相応の価値を見出していくような教育観が必要であろう。

「学び直し」の契機とは人それぞれである。しかし、学びと仕事の往還という意味では、学びに対する欲求や必要は、必死に仕事に取り組むなかで出てくるものである。仕事が充実していると、学びたくなる、しかし仕事がフル回転だから時間がない、という悪循環からは容易に脱し難い。それでも仕事をより充実させたいと願う向上心は、学びへの原動力そのものである。

一方、今の仕事に圧倒的な不満があるときも、現状を変えなければならないという方向で学びの契機がある。自分が自分として認められるようなことに取り組めていないとき、人は「生」の危機に陥る。わたしがわたしとして生きるために、学びの欲求や必要が生まれる。いずれにしても、社会を生きることのなかに、学びの契機が埋め込まれている。学びへの活力は個人において湧き上がるものであるが、その選択肢を与えられるか否かは社会の側の課題である。

仕事に従事するなかで、学びたいものや学ぶ必要のあるものが出てくる。それを学んで仕事をしていると、別の世界が広がり、学びたいものが出てくる。こうした学びと仕事の往還こそが、キャリア形成を導いていく。そうした学びによる生涯設計が「学び直し」によるキャリア形成の実像であり、もちろん昇進・昇給や転職が目的なのではない。

そもそもわたしは、「学び直し」という表現そのものはあまり好きではない。職業に必要な知識とスキルを生涯にわたって学び続け、能力の向上によってキャリア形成していくための学びである。だから、何かを学びそびれたから学び直すのではない。

わたしの「栄養成分表示」

義務教育のあと、わたしたちは自分の学びたいものを自分で選び取っていくことができる。音楽でも美術といった芸術でも、テクノロジーに通じたものでも、あるものへのこだわりを持って学び続けることは、法律を犯さなければ制約されることはなく、誰にとやかく言われることはない。親に反対されようとも、家族の賛同を得られずとも、共通の趣味の友達がいなくても、スキルを身につける、教養を身につける、資格を取得する。何を学んでどういう自分になるかは「学びの自由」として認められ、それが自分自身を構築していく。インフォーマルな学びは道を求める人生を通じたライフロングな学びであるから、ある種の修行のようなものとも言える。そんな「インフォーマル求道」が、自己実現と社会参加の両方に立脚したパブリックに活動する市民を育む。

また、学校教育に代表されるフォーマルな学びと、自由に選び取っていくインフォーマルな学びの往還だけでなく、仕事と仕事から生じた学びの動機にもとづいて大学等のさまざまな学びのプログラムに参加し、そこで得た学びをもとにまた仕事へと向かっていく、あるいは別の仕事へと展開していくという、リカレントな学びの設計は、わたしたちの人生の展望を複雑にしていく。

そうして積み上げていくものを振り返り、一曲の中で五％は個人、九五％は過去の遺産という坂本龍一の音楽で言う九五％を、あなた自身の表現に置き換えたときに、それはどんなミックスで構成された九五％だろうか。そしてそこに次はどんな要素を追加していくのか。もしあなたの背中に、食品の「栄養成分表示」のようなものが貼られていたとしたら、それはどんな要素のどんな割合の構成だろう。それを意識するには、不断に学びのポートフォリオを振り返るような人生観が求められる。

試しに、自分が取り組んでいる活動や表現、制作など、生活の主軸と自分で思えるものを念頭に置いて、その活動におけるアイデアや思想の源泉となったものを、人生を振り返りながら四つの要素を挙げてみてもらいたい。そして、その四つに「その他の要素」を加えた五つを円グラフにしたときに、それぞれが何パーセントになるか考えてみよう。もちろんあらかじめ五％を自分のオリジナリティとして確保した上で、残りの九五％をどんな要素の組み合わせで表せるだろうか。それはジャンルのようなものでも良いし、個別の作品名でも良いし、人名でも良い。そうして構成したのが、あなたの表現の「栄養成分表示」である。

この「栄養成分表示」がスーパーマーケットに並んでいる食品と異なるのは、その構成が常に緩やかに動き続けているということである。あるいは突然、何か思いがけない感動を得ることで、急に大きなウエイトを占める要素が生まれることもあり、それまで重要と考えていた要素が一気に「その他の要素」のひとつに格下げされることもあるだろう。そうした自己認識をもとに学び続けることで自己実現を図り、そして不断の社会参加へと歩みを進めることができるに違いない。

学問の公共性は、研究者の意識改革によってのみ実現できるものではない。それは不断に学び続ける市民の自学によって形成されるシチズンシップと、個性あふれる「栄養成分表示」の多様な市民とのコラボレーションによって具現化するものである。

課題3：わたしの「栄養成分表示」―自己形成の95%―

●自分の指向性や作家性を分析して、自分の完全なオリジナルを5%としたときに、残りの95%を形成するものを四つ＋「その他の要素」を挙げて、円グラフを構成してください（人名や作家名、学問分野、地名や場所、ジャンル、体験など何でも良いです）。

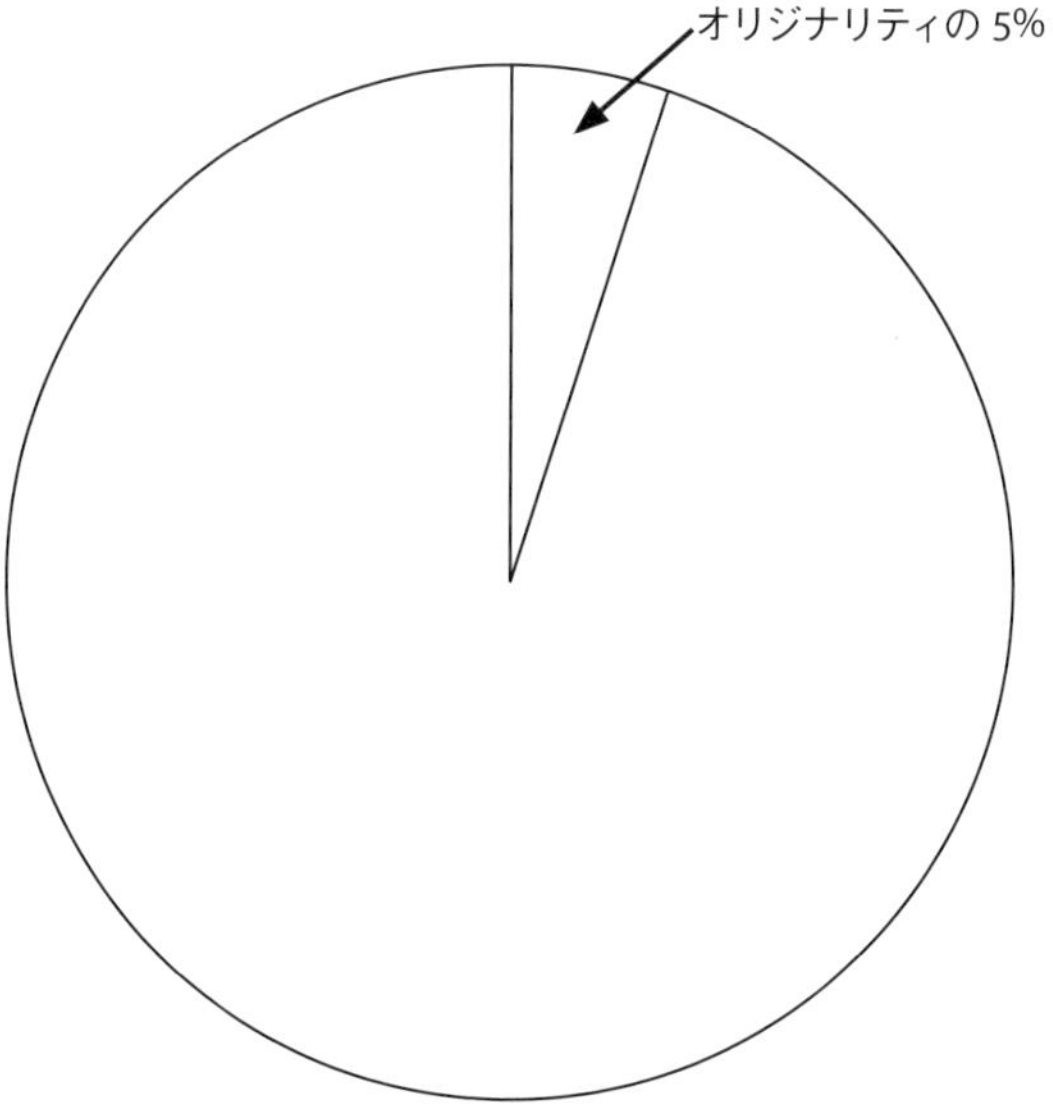

●300〜400文字程度で、わたしの「栄養成分表示」を説明して、今後どんな学びを追加したいか書いてみてください。ワークショップの場合は読み上げてプレゼンテーションしましょう。

課題４：ミュージアムのコラボ企画
—市民連携の企画書作成—

あなたの身の回りにある博物館、公民館、児童館、図書館といった社会教育施設からひとつを選び、その施設の概要や生涯学習施設としての具体的な活動内容を調べた上で、収蔵品や立地条件、利用者層といった特徴を活かした生涯学習プログラムをひとつ提案してください（ここで言う博物館とは、歴史系博物館、美術館、自然史博物館や科学館、文学館、水族館や動物園、植物園、人物の記念館や顕彰館など、幅広い施設を含む）。

●企画にタイトルをつけてください。

企画名：

●企画の内容を考えてください。

・目的（200 文字）：

・内容（200 文字）：

・対象（小学生、親子、一般、高齢者、専門家、特定の属性の人々など）：
・参加人数：
・開催期間や開催時期：
・おおまかな運営予算の積算と徴収する参加費：
・実施するスペースや場所：
・期待される効果（200 文字）：

あとがき

本書には先行する二冊がある。

『民俗学　ヴァナキュラー編―人と出会い、問いを立てる』（武蔵野美術大学出版局、二〇二一年）は、身近な生活文化にヴァナキュラーを見出すためのレッスンである。『民俗学　フォークロア編―過去と向き合い、表現する』（同、二〇二二年）は、文化的な多様性を支えてきた伝統文化を尊重しつつも、現代的な価値観と折り合いをつけながら引き受ける視点を提示している。これら二書はともに、絵画、版画、彫刻、デザイン、ファッション、デジタル表現、舞台、音楽、映像、社会実践、文学、マンガなど、それぞれに自分の表現と日々向き合う美術大学の学生たちに講じる、「民俗学」の授業の書籍化であった。つまり自分の目的に引き寄せて、民俗学を道具として使ってもらうことが前提にあり、それが一般の人々にもわかりやすい切り口の提示となって、民俗学を普及することにつながると、わたしは考えてきた。

本書の企画は、美術大学における「生涯学習概論」の教科書作りから出発した。先行する二著から射程をさらに広げ、地域での広範な市民活動に対する社会関与型のフィールドワークを念頭に置いた民俗学のあり方として、パブリック・フォークロアと市民の自学を結びつけたいと構想したのである。いつも、作品に使える「何か」探しをしている美術大学の学生は、あらゆる教養の学問を自分本位で吸収していく（ときには安易な引用や浅薄な誤読にもとづく作品もないではないが）。教養としての民俗学は、〈わたし〉が世界のなかでいかに「在る」か、つまり〈わたし〉を世界からいかに奪還し、いかに「自律的に在る」かを問うための、重要な契機を多くの学生に提供し得る。そこに民俗学の現代的意義が潜んでいる。

一般的な「生涯学習概論」の教科書は、法制度から施設の役割や課題、多様な市民に対応する学びの提供、諸外国の様相、生涯学習の歴史、歴史上の人物の自学などから構成される。それに対し本書は、自学する学修者主体の視座から自己形成と社会参加をしていくためのトピックを論じた。「野の学問」の実践性に根ざしたパブリック・フォークロアと、そのポテンシャルを底上げする市民の自学とを接合することが、本書のエッセンスだからである。

わたしは二〇一九（令和元）年後期に武蔵野美術大学に教授として赴任し、前任者の神野善治名誉教授から引き継ぎ、翌年から同大学造形学部（芸術文化学科を除く）の学芸員課程の「生涯学習概論」と、通信教育課程の「生涯学習概論」を担当することとなった。特に後者の通信教育課程では、編集家の紫牟田伸子先生とテキスタイルアートの作家である田中洋江先生というお二人の非常勤講師と一緒にスクーリング（面接授業）の授業を実施してきた。

コロナ禍前は動物園等でのフィールドワークを盛り込んだ活動的な授業であったが、感染症対策からそうしたプログラムが実施できなくなったことで、本授業は学ぶ主体としての受講生がどのようにみずからの生涯学習をデザインし、実践し続けていけるかをよりじっくり考える内容となっていった。さまざまな制約を、三人の個性を前面に押し出すことでカバーしてきた毎年の試行錯誤は、教員にとっても貴重な学びの過程となり、それによって得たさまざまな要素が本書のいたるところに盛り込まれている。執筆はわたしが行ったが、わたしひとりでは決して本書の構成にはならなかった。この場を借りて、紫牟田伸子先生、田中洋江先生に感謝申し上げたい。

通信教育課程のスクーリングは、一〇代から八〇代まで幅広い世代がともに学ぶ機会であり、内容もワークショップ的に進めることから、毎回サマーキャンプのような充実感が残る。スクーリング終了後に個人的に研究室を訪ねてくる学生もあり、その後の卒業制作や論文の相談に乗ることもある。いろいろな契機で学びたい、学び直したいという強い動機を抱えて通信教育課程に入学している時点で、生涯学習として教えることはあまりないのだが、受講生からわたしたち教員が得る刺激は実に大きい。

先行する二著に引き続き、今回も挿絵を担当してくれたのは、おおやまなつねさんである。わたしのラフ原稿をお送りし、それをもとに自由にスケッチを作成してもらい、またそのスケッチから刺激を受けてわたしも改稿する。それを最終的に編集者が本のなかに埋め込んでいく。この論文執筆や展覧会企画にはない独特なプロセスには、いくつもの気づきやひらめきがある。ここに感謝申し上げたい。

最後に、武蔵野美術大学出版局の編集者、木村公子さんに感謝申し上げたい。本書の企画から仮原稿による書籍の全体像の検討を経て、本ができ上がるまでの共同作業とディスカッションを、わたしは「編集道場」と呼んでいる。『民俗学　〇〇編』のシリーズを通して開かれた「編集道場」は、稀有なスキルアップの機会となっている。生涯学習としての「本作り」に敬意を表し、押忍！

加藤幸治

各章を深める一冊、関連論文

はじめに

加藤幸治『民俗学　ヴァナキュラー編―人と出会い、問いを立てる』武蔵野美術大学出版局、二〇二一年
加藤幸治『民俗学　フォークロア編―過去と向き合い、表現する』武蔵野美術大学出版局、二〇二二年
クロード・レヴィ＝ストロース『野生の思考』大橋保夫訳、みすず書房、一九七六年

インフォーマル求道

ジョージ・オーウェル『一九八四』山形浩生訳、講談社、二〇二四年（翻訳初版一九五〇年、原著初版一九四九年）
宮本常一『民俗学の旅』講談社学術文庫、一九九三年、九八頁（初版一九七八年）
イリイチ『シャドウ・ワーク』玉野井芳郎・栗原彬訳、岩波文庫、二〇二三年（翻訳初版一九八二年、原著初版一九八一年）
佐藤卓己『輿論と世論―日本的民意の系譜学』新潮社、二〇〇八年
ジークムント・バウマン『リキッド・モダニティ―液状化する社会』森田典正訳、大月書店、二〇〇一年

パブリック「人文道」

吉村昭『羆嵐《くまあらし》』新潮文庫、一九八二年（初版一九七七年）
吉村昭『羆《ひぐま》』新潮文庫、一九八五年（初版一九七一年）
河﨑秋子『ともぐい』新潮社、二〇二三年
マイケル・パンク『レヴェナント—蘇えりし者』漆原敦子訳、ハヤカワ文庫、二〇一六年（原著初版二〇〇二年）
緒方正人『チッソは私であった—水俣病の思想』河出文庫、二〇二〇年
石牟礼道子『苦海浄土—わが水俣病』講談社文庫、二〇〇四年（初版一九六九年年）

〈わたし〉の生活史

中村佑子『わたしが誰かわからない—ヤングケアラーを探す旅』医学書院、二〇二三年
ロバート・マーフィ『ボディ・サイレント』辻信一訳、平凡社ライブラリー、二〇〇六年（翻訳初版一九九二年、原著初版一九八七年）
西加奈子『わたしに会いたい』集英社、二〇二三年
西加奈子『くもをさがす』河出書房新社、二〇二三年
岸政彦編『東京の生活史』筑摩書房、二〇二一年
岸政彦編『大阪の生活史』筑摩書房、二〇二三年
石原昌家・岸政彦監修、沖縄タイムス社編『沖縄の生活史』みすず書房、二〇二三年
岸政彦『にがにが日記』新潮社、二〇二三年

福岡市史編集委員会編『特別編 福の民―暮らしのなかに技がある』福岡市、二〇一〇年
古島敏雄『台所用具の近代史―生産から消費生活をみる』有斐閣、一九九六年
古島敏雄『子供たちの大正時代―田舎町の生活誌』平凡社、一九八二年
西山松之助『しぶらの里―宿場町民俗誌』吉川弘文館、一九八二年

自分ヒストリー

菅豊「現代アメリカ民俗学の現状と課題―公共民俗学（Public Folklore）を中心に」『日本民俗学』第二六三号、二〇一〇年
菅豊『「新しい野の学問」の時代へ―知識生産と社会実践をつなぐために』岩波書店、二〇一三年
菅豊「民俗学の喜劇―「新しい野の学問」世界に向けて―」『東洋文化』九三号［特集 民俗学の新しい沃野に向けて］二〇一二年
菅豊・北條勝貴編『パブリック・ヒストリー入門―開かれた歴史学への挑戦』勉誠出版、二〇一九年
Robert Baron, Nicholas R. Spitzer eds., *Public Folklore*, Smithsonian Institution Press, Washington, 1992
E・ハミルトン『成人教育は社会を変える』田中雅文・笹井宏益・廣瀬隆人訳、玉川大学出版部、二〇〇三年
岡本充弘『「小さな歴史」と「大きな歴史」のはざまで―歴史についての断章』花伝社、二〇二二年
保苅実『ラディカル・オーラル・ヒストリー―オーストラリア先住民アボリジニの歴史実践』岩波現代文庫、二〇一八年
James B. Gardner, Paula Hamilton eds., *The Oxford Handbook of Public History*, Oxford University Press, New York, 2017

文化財レスキュー

宮本常一『民具学の提唱』未來社、一九七九年
木部暢子『災害に学ぶ—文化資源の保全と再生』勉誠出版、二〇一五年
髙妻洋成・小谷竜介・建石徹編『入門 大災害時代の文化財防災』同成社、二〇二三年
日高真吾『災害と文化財—ある文化財科学者の視点から』千里文化財団、二〇一五年
日高真吾編『特別展「復興を支える地域の文化」図録』国立民族学博物館、二〇二一年

誰もがレスポンダー

加藤幸治『津波とクジラとペンギンと—東日本大震災10年、牡鹿半島・鮎川の地域文化』社会評論社、二〇二一年
加藤幸治『復興キュレーション—語りのオーナーシップで作り伝える〝くじらまち〟』社会評論社、二〇一七年
Carl Lindahl, Michael Dylan Foster and Kate Parker Horigan eds., *We Are All Survivors: Verbal, Ritual, and Material Ways of Narrating Disaster and Recovery*, Indiana University Press, 2022

復興キュレーション

菅豊編『ヴァナキュラー・アートの民俗学』東京大学出版会、二〇二四年
橋本裕之・林勲男編『災害文化の継承と創造』臨川書店、二〇一六年

ビルド・バック・ベターを目指して

林勲男編著『自然災害と復興支援（みんぱく実践人類学シリーズ9）』明石書店、二〇一〇年

日高真吾編『継承される地域文化―災害復興から社会創発へ』臨川書店、二〇二一年

LLLプラットフォーム

ポール・ラングラン『生涯教育入門』波多野完治訳、全日本社会教育連合会、一九七四年（初版一九七一年）

子どもワークショップ・プランニング

岩本通弥・菅豊・中村淳編著『民俗学の可能性を拓く―「野の学問」とアカデミズム』青弓社、二〇一二年

キュレーターズ・マインド覚醒

伊藤寿朗『市民のなかの博物館』吉川弘文館、一九九三年

ジェイムズ・クリフォード、ジョージ・マーカス編『文化を書く』春日直樹ほか訳、紀伊國屋書店、一九九六年（原著初版一九八六年）

吉田憲司『文化の「肖像」―ネットワーク型ミュージオロジーの試み』岩波書店、二〇一三年

Peter Vergo, *The New Museology*, Reaktion Books, London, 1989

加藤幸治（かとう・こうじ）

一九七三年、静岡県浜松市生まれ。武蔵野美術大学教養文化・学芸員課程教授、美術館・図書館副館長。和歌山県立紀伊風土記の丘学芸員（民俗担当）、東北学院大学文学部歴史学科教授（同大学博物館学芸員兼任）を経て、二〇一九年より現職。博士（文学）。専門は民俗学、博物館学。監修に武蔵野美術大学民俗資料室編『民具のデザイン図鑑―くらしの道具から読み解く造形の発想』（誠文堂新光社、二〇二一年）。近著に『民俗学　フォークロア編―過去と向き合い、表現する』（武蔵野美術大学出版局、二〇二二年）、『民俗学　ヴァナキュラー編―人と出会い、問いを立てる』（同、二〇二一年）、『津波とクジラとペンギンと―東日本大震災10年、牡鹿半島・鮎川の地域文化』（社会評論社、二〇二一年）、『渋沢敬三とアチック・ミューゼアム―知の共鳴が創り上げた人文学の理想郷』（勉誠出版、二〇二〇年）、『文化遺産シェア時代―価値を深掘る〝ずらし〟の視角』（社会評論社、二〇一八年）、『復興キュレーション―語りのオーナーシップで作り伝える〝くじらまち〟』（社会評論社、二〇一七年）ほかがある。

民俗学　パブリック編
——みずから学び、実践する

二〇二五年四月一日　初版第一刷発行

著者　加藤幸治
発行者　長澤忠徳
発行所　武蔵野美術大学出版局
〒一八七―八五〇五
東京都小平市小川町一―七三六
電話　〇四二―三四二―五五一五（営業）
〇四二―三四二―五五一六（編集）
印刷　TOPPANクロレ株式会社

定価はカバーに表記してあります
乱丁・落丁本はお取り替えいたします

ISBN978-4-86463-167-9　C3039　Printed in Japan

加藤幸治 著

『民俗学　フォークロア編
過去と向き合い、表現する』

2022 年 9 月 30 日刊行
A5 判、並製、モノクロ、242 頁　定価 1760 円（本体 1600 円）
ISBN978-4-86463-152-5　C3039

フォーク（人々）あるところに、かならずロア（物語）あり。それを見聞きし、記し、読み解き、みずからの発見／表現とするには？過去を見つめ、今を豊かにする。そんなフォークロアを引き受けながら、みずからの表現を模索する旅に出よう。武蔵野美術大学がおくる民俗学の第二弾！

〔目次〕